ULRICH KARPEN

Berufslenkung durch Qualifikationshürden

Schriften zum Öffentlichen Recht

Band 579

Berufslenkung durch Qualifikationshürden

Zur Verfassungswidrigkeit der Arzt-im-Praktikum-Regelung des Artikels 1 Abs. 1, a, bb des Vierten Gesetzes zur Änderung der Bundesärzteordnung vom 14. März 1985 (BGBl. I, 555)

Von

Ulrich Karpen

Professor an der Universität Hamburg

Duncker & Humblot · Berlin

CIP-Titelaufnahme der Deutschen Bibliothek

Karpen, Ulrich:
Berufslenkung durch Qualifikationshürden: zur
Verfassungswidrigkeit der Arzt-im-Praktikum-Regelung des
Artikels 1 Abs. 1, a, bb des Vierten Gesetzes zur Änderung der
Bundesärzteordnung vom 14. März 1985 (BGBl. I, 555) / von
Ulrich Karpen. – Berlin: Duncker u. Humblot, 1989
  (Schriften zum Öffentlichen Recht; Bd. 579)
  ISBN 3-428-06779-7
NE: GT

Alle Rechte vorbehalten
© 1989 Duncker & Humblot GmbH, Berlin 41
Satz: Klaus-Dieter Voigt, Berlin 61
Druck: Berliner Buchdruckerei Union GmbH, Berlin 61
Printed in Germany
ISSN 0582-0200
ISBN 3-428-06779-7

Vorwort

Die Zahl der Medizinstudenten und -innen an den Wissenschaftlichen Hochschulen der Bundesrepublik Deutschland hat dank der guten Berufsaussichten und des enorm kostenaufwendigen Ausbaus der Ausbildungseinrichtungen in den letzten Jahren sprunghaft zugenommen. Darunter litt die Qualität der Ausbildung, nicht zuletzt am Krankenbett. Um den jungen Medizinern vor Aufnahme selbständiger ärztlicher Tätigkeit Gelegenheit zu geben, unentbehrliche Kenntnisse der Patientenbehandlung nachzuholen und um – wie mancher argwöhnt – den Berufseintritt vieler junger Ärzte noch um einige Zeit hinauszuzögern, hat der Gesetzgeber durch das 4. Gesetz zur Änderung der Bundesärzteordnung vom 14. März 1985 (BGBl. I, 555) – in Sonderheit in Art. 1 Nr. 1 a, bb – als weiteren Teil der ärztlichen Ausbildung, ausgestattet mit der Erlaubnis zu vorläufiger ärztlicher Tätigkeit, aber vor Erlangung der Approbation, eine zweijährige Tätigkeit als Arzt im Praktikum eingeführt.

Diese zusätzliche Hürde vor Berufseintritt ist (verfassungs-)rechtlich nicht bedenkenfrei. Eine Vielzahl von Medinzinstudenten und -innen hat den Verfasser deshalb beauftragt, die Erfolgsaussichten einer Verfassungsbeschwerde zum Bundesverfassungsgericht zu prüfen.

Das Ergebnis dieser Überprüfung wird im folgenden mitgeteilt. Es zeigt, wie vorschnell und auf welch unsicherer prognostischer Basis der Gesetzgeber jungen Ärzten zusätzlich Steine in den Weg gelegt hat. Es ist zu hoffen, daß im Zuge der Niederlassungsfreiheit auch für Ärzte in der Europäischen Gemeinschaft die Ausbildung auch der deutschen Mediziner kürzer und effektiver wird und die medizinischen Fakultäten instandgesetzt werden, die angehenden Ärzte so gut auszubilden, daß ein „Nachsitzen" als „Arzt im Praktikum" vermieden wird.

Hamburg, im September 1989   Ulrich Karpen

Inhaltsverzeichnis

A. Einführung und Problemstellung 9

   I. Entstehungsgeschichte 9

   II. Regelung der Arzt-im-Praktikum-Zeit 11

   III. Inhalt und Gliederung 12

   IV. Funktion und Status 14

   V. Verhältnis zur Kassenzulassung und Facharztausbildung 16

   VI. Anpassung an die EG-Richtlinien 18

B. Überprüfung der Verfassungsmäßigkeit der Arzt-im-Praktikum-Regelung 21

   I. Verstoß gegen das Berufsgrundrecht (Art. 12 GG) 21
      1. Das Berufsgrundrecht 21
         a) Berufswahl-, Ausbildungs- und -ausübungsfreiheit 21
         b) Einschränkbarkeit 23
         c) Art. 12 GG als Leistungsanspruch 26
      2. Unverhältnismäßigkeit der AIP-Regelung 28
         a) Das Übermaßverbot 28
         b) Prognosespielraum des Gesetzgebers 29
         c) Unverhältnismäßigkeit als mangelnde Eignung 31
            aa) Mangelnde Eignung als Nichtrealisierbarkeit und Nichtfinanzierbarkeit 31
            bb) Nichtrealisierbarkeit 33
            cc) Nichtfinanzierbarkeit 42
         d) Unverhältnismäßigkeit als Zweckuntauglichkeit 46
            aa) Keine Verbesserung der praktischen Erfahrungen 47
            bb) Mängel in Inhalt und Curriculum 50
            cc) Ungeklärtheit von Funktion und Status 51
            dd) Die Frage der Anrechnung auf die Weiterbildung 55

> e) Unverhältnismäßigkeit als Nichterforderlichkeit 56
> f) Unverhältnismäßigkeit als Unzumutbarkeit 57
> 3. Verletzung des Art. 12 GG als Teilhaberrecht 58

> II. Verstoß gegen die Prinzipien der Rechtssicherheit und des Vertrauensschutzes (Art. 20 I, 28 I i.V.m. Art. 2 I GG) 63
> 1. Vertrauensschutz und Rückwirkungsverbot 63
> 2. Rückwirkung und Anknüpfung 65
> 3. Abwägung zwischen Vertrauensschutzinteressen des Einzelnen und Allgemeininteressen 68

C. Möglichkeiten gerichtlicher Überprüfung 74

Literaturverzeichnis 76

A. Einführung und Problemstellung

I. Entstehungsgeschichte

Die Einübung praktischer Tätigkeiten als Bestandteil der ärztlichen Ausbildung hat eine wechselnde rechtliche Ausgestaltung erfahren. Nach § 8 der Bestallungsordnung vom 17. Juli 1939 (RGBl. I, 1273), erlassen aufgrund der Reichsärzteordnung vom 13. Dezember 1935 (RGBl. I, 1433) mußte der angehende Arzt im Anschluß an das Studium eine Pflichtassistentenzeit von einem Jahr absolvieren. Die Änderung der Bestallungsordnung vom 15. September 1953 (BGBl. I, 1334) führte anstelle der Pflichtassistentenzeit eine zweijährige Medizinalassistentenzeit ein (§§ 63 ff.). Die Approbationsordnung vom 28. Oktober 1970 (BGBl. I, 1458), erlassen aufgrund des Änderungsgesetzes vom 28. August 1969 (BGBl. I, 1509) zur Bundesärzteordnung vom 2. Oktober 1961 (BGBl. I, 1857), schaffte die Medizinalassistentenzeit ab. Der Forderung nach praxisbezogener Ausbildung wurde durch die Einführung des praktischen Jahres Rechnung getragen, durch welches das sechste und letzte Jahr der ärztlichen Ausbildung ausgestaltet wurde.

Vorbild war der praxisbezogene Gruppenunterricht in der Medizinerausbildung der anglo-amerikanischen Länder, der dort allerdings mit Jahrgangsklassen von 40 – 50 Studenten durchgeführt wird. Die Erwartung, man könne in kleinen Gruppen am Krankenbett praktisch unterrichten, wurde durch den raschen Anstieg der Studentenzahlen enttäuscht. Die Zahl der Studienanfänger stieg von ca. 5000 im Jahre 1970 auf 6000 im Jahre 1972, auf ca. 12 000 im Jahre 1978. Seitdem ist sie mit ca. 11 000 – 12 000 Studienanfängern pro Jahr ziemlich konstant, da weitere Ausbildungsplätze nicht gebaut werden[1].

---

[1] *Wissenschaftsrat*, Stellungnahme zu Fragen der ärztlichen Ausbildung, Januar 1982, Empfehlungen und Stellungnahmen 1982, S. 161 f.; *Dieter Blumenwitz*, Gutachtliche Stellungnahme über die Bindungswirkung des Kassenarzturteiles des Bundesverfassungsgerichtes (BVerfGE 11, 30 ff. vom 23. März 1960) für die AG der Bayerischen Krankenkassenverbände und die kassenärztliche Vereinigung Bayern, Würzburg, o.J., S. 15 ff. m.w.N.; *Klaus Stern, Peter Tettinger*, Normative Gestaltungsmöglichkeiten zur Verbesserung der Qualität der medizinischen Ausbildung, München 1982, S. 79.

Schon in den siebziger Jahren wurde zunehmend Kritik an der ärztlichen Ausbildung geübt. Dabei wurde insbesondere bemängelt, daß das Medizinstudium in seiner gegenwärtigen Form keine ausreichende Grundlage für eine eigenverantwortliche und selbständige kompetente Ausübung ärztlicher Tätigkeit sei. Die Medizinerausbildung könne angesichts der zahlenmäßigen Überlastung der Hochschulen den Anforderungen der Approbationsordnung von 1970 nicht entsprechen. Auch wurden einzelne Vorschriften der geltenden Approbationsordnung kritisiert. Die Medizinstudenten verließen die Hochschule mit guten theoretischen Kenntnissen, aber unzureichenden praktischen Fertigkeiten. Ziel der Ausbildung müsse aber der wissenschaftlich gebildete Arzt, nicht der ärztlich gebildete Wissenschaftler sein[2]. Es wurde auf die Notwendigkeit einer alsbaldigen normativen Reaktion auf die festgestellten Schwächen und Defizite der gegenwärtigen Medizinerausbildung unter dem Blickwinkel des Praxisbezuges und der Patientennähe hingewiesen.

Im Dezember 1978 berief der Bundesminister für Jugend, Familie und Gesundheit eine „Kleine Kommission zu Fragen der ärztlichen Ausbildung und der künftigen Entwicklung im Bereich des ärztlichen Berufsstandes". Sie trat am 20. Februar 1979 zu ihrer ersten Sitzung zusammen und erstattete am 17. Oktober 1979 sowie am 9. Oktober 1980 zwei Berichte. Laut Niederschrift der Sitzung vom 22. Mai 1979 (angefertigt am 15. Juni 1979) bestand Einigkeit, daß die praktische ärztliche Ausbildung verlängert werden müsse. Zu diesem Ergebnis war insbesondere auch die Kommissionsarbeitsgruppe „Verlängerung der ärztlichen Ausbildung zum Zwecke der Verbesserung der praxisbezogenen Ausbildung und des Erwerbs praktischer Erfahrung" gekommen.

Am 13. September 1984 legte die Bundesregierung einen Entwurf eines vierten Gesetzes zur Änderung der Bundesärzteordnung (BÄO) vor. Er wurde am 13. Dezember vom Bundestag angenommen. Nach Zustimmung des Bundesrates vom 7. Februar 1985 wurde das Gesetz am 22. März 1985 verkündet (BGBl. I, 555). Aufgrund des § 4 der BÄO erließ der BMJFG die fünfte Verordnung zur Änderung der Approbationsordnung für Ärzte.

---

[2] *Tettinger* (o. Fn. 1), 70 f.

II. Regelung der Arzt-im-Praktikum-Zeit

Kernstück des 4. ÄndG zur BÄO ist die Einführung einer zweijährigen Tätigkeit als Arzt im Praktikum (§ 3 I 1 Nr. 5 BÄO) aufgrund einer Erlaubnis nach § 10 IV BÄO nach Abschluß der ärztlichen Prüfung. Diese Regelung findet für Studierende der Medizin, die bis zum 30. Juni 1987 die ärztliche Prüfung erfolgreich ablegen, keine Anwendung (Art. 2 § 1 4. ÄndG BÄO). Für Studierende, die zwischen dem 30. Juni 1987 und dem 31. Dezember 1991 die ärztliche Prüfung erfolgreich ablegen, beträgt die Arzt-im-Praktikum-Zeit (AIP-Zeit) nur 18 Monate (Art. 2 § 2 4. ÄndG BÄO). Die zweijährige AIP-Zeit soll dem Zweck dienen, das Praxisdefizit während der Hochschulausbildung auszugleichen. Für eine selbständige und eigenverantwortliche Tätigkeit als Arzt reiche die Universitätsausbildung angesichts der großen Studentenzahlen und der unzureichenden Zahl der lehrgeeigneten Patienten in Universitätskliniken und Lehrkrankenhäusern nicht aus[3]. Das praktische Jahr habe sich nicht als geeignet erwiesen, die Medizinalassistentenzeit zu ersetzen, in der die Absolventen des Medizinstudiums vor der Reform die wichtigsten der für die ärztliche Tätigkeit notwendigen Erfahrungen hätten erwerben können. Die Betreuungsintensität entspreche trotz der Personalvermehrung in den Universitätskliniken nicht den Annahmen, die bei der Erneuerung der Approbationsordnung als Voraussetzung ihrer Realisierbarkeit zugrunde gelegt wurden. Es könnten aber nur hinreichend erfahrene Ärzte selbständige Aufgaben in der Gesundheitsversorgung übernehmen. Der Erwerb der Berufsfähigkeit als Fähigkeit zu selbständiger ärztlicher Tätigkeit sei darüber hinaus ohne eine Phase kollegialer Anleitung nach Abschluß des Studiums mit schrittweiser Übernahme

---

[3] *Wissenschaftsrat*, Empfehlungen zu Aufgaben, Organisation und Ausbau der medizinischen Forschungs- und Ausbildungsstätten vom 9. Juli 1976; *Wissenschaftsrat*, Stellungnahme zu Fragen der ärztlichen Ausbildung vom Januar 1982 (o. Fn. 1), S. 161f.; *Kommission der Europäischen Gemeinschaften*, Beratender Ausschuß für die ärztliche Ausbildung, Bericht über die allgemeinen Tendenzen in der medizinischen Grundausbildung, 14. Juni 1978 (III/D/32/1/78); *BMJFG*, Positionspapier zur Frage der ärztlichen Ausbildung vom 31. Juli 1981 (GeschZ 315-4331-2/5 A); *Deutscher Bundestag*, 10. Wahlperiode, Ausschuß für Arbeit und Sozialordnung, Ausschuß für Jugend, Familie und Gesundheit, Stenogr. Protokoll der 33. Sitzung des Ausschusses für Arbeit und Sozialordnung und der 29. Sitzung des Ausschusses für Jugend, Familie und Gesundheit vom 17. Oktober 1984, 29/33, S. 5; *Deutscher Bundestag*, Stenographischer Bericht der 111. Sitzung vom 13. Dezember 1984, PlPro 10/111, S. 8253; *Tettinger* (o. Fn. 1), S. 69, Fn. 308.

von Selbständigkeit und einer dieser entsprechenden spezifischen Verantwortung nicht denkbar, wie dies auch für viele Bereiche der Wirtschaft und des Staates gelte.

Darüber hinaus müsse die AIP-Zeit z. T. an Stelle einer Assistentenzeit treten. In den vergangenen Jahrzehnten habe keine Notwendigkeit bestanden, von seiten des Staates regelnd einzugreifen, da nahezu jeder Hochschulabgänger vor seiner Niederlassung kürzere oder längere Zeit unter Anleitung und Aufsicht an einem Krankenhaus oder bei einem erfahrenen älteren Kollegen arbeitete. Das sei jetzt schon und auch in Zukunft nicht mehr gewährleistet. Es sei wahrscheinlich, daß es wegen der großen Zahl der Ärzte künftig nicht mehr jedem möglich sein werde – wie bisher üblich –, nach der Approbation eine Weiterbildung aufzunehmen oder auf eine andere Weise in abhängiger Stellung zu arbeiten. Deshalb sei es notwendiger denn je, Vorkehrungen zur Sicherung einer ausreichenden praktischen Qualifikation der Ärzte zu treffen[4].

III. Inhalt und Gliederung

Die Ausbildung als AIP soll in drei Bereichen absolviert werden:

– in Krankenhäusern,
– in Praxen niedergelassener Ärzte,
– im betriebsärztlichen Dienst oder im öffentlichen Gesundheitsdienst i. w. S.

Zum dritten Ausbildungsbereich gehören insbesondere:

– Der versorgungs-, vertrauens-, werks- und betriebsärztliche Dienst,
– Rehabilitationseinrichtungen,
– gruppenärztliche Einrichtungen,
– Justizvollzugsanstalten,
– Gesundheitsdienst,
– Arbeitsämter,
– Gewerbeärzte,

---

[4] Begründung des Gesetzentwurfes, BTDrs. 10/1963, S. 8; Begründung des Entwurfes einer 5. VO zur Änderung der AppO für Ärzte, BMJFG, 315-4331-2/7, Stand November 1983, S. 18. Im Entwurf einer Fünften Verordnung zur Änderung der Approbationsordnung für Ärzte nach dem Stand vom 5. September 1985 (BMJFG, 315-4331-2/7) ist die Begründung, im wesentlichen unverändert, auf S. 25 f. abgedruckt. Im folgenden wird nach der Fassung 1983 zitiert.

III. Inhalt und Gliederung

- Sanitätszentren der Bundeswehr,
- Sozialversicherungseinrichtungen,
- chemische und pharmazeutische Industrie[5].

Eine Aufgliederung in Zeiten einer Tätigkeit im Krankenhaus und Zeiten einer Tätigkeit in der ärztlichen Praxis oder anderen Einrichtungen ist nicht vorgesehen, so daß eine Tätigkeit in allen oder in einem Bereich möglich ist. Diese Lösung habe den Vorzug größerer Praktikabilität. Es liege im Interesse sowohl der Einrichtungen und der Patienten wie auch der Absolventen, wenn ein allzu häufiger Wechsel vermieden werde[6].

Die Praxisphase soll grob strukturiert werden. Nach § 4 IV 2 des 4. ÄndG BÄO können durch den Verordnungsgeber der AppO Mindestzeiten für die Ableistung der Praxisphase im nichtoperativen und operativen Bereich festgelegt werden[7].

Die Vorstellungen haben noch nicht den letzten Grad an Klarheit erreicht. Nach der Hardegg-Studie[8] sollen

- 15 Monate in zwei Kliniken absolviert werden, in konservativer (Innere Medizin) und operativer (Chirurgie) Tätigkeit,
- 6 Monate in der Praxis eines niedergelassenen Arztes,
- 3 Monate im öffentlichen Gesundheitsdienst.

Ein Curriculum für die Zeit des AIP gibt es noch nicht. Nach § 34 a II des Entwurfes einer 5. VO zur Änderung der AppO vom 5. Sept. 1985 soll die AIP-Zeit, wie folgt, gegliedert werden:

- mindestens 12 Monate im nichtoperativen Bereich,
- eine 6monatige Zeit im operativen Bereich,
- bis zu 6 Monate im öffentlichen Gesundheitsdienst etc.

Für Studierende der Medizin, die ihre ärztliche Vorprüfung zwischen dem 30. Juni 1987 und dem 31. Dezember 1991 ablegen, und für die die AIP-Zeit nur 18 Monate dauert, soll die Anstellung nach Art. 2 II 2 EAppO Sept. 1985, wie folgt, gegliedert sein:

---

[5] EntwBegr., BTDrs. 10/1963, S. 8, Begründung zu § 34 a I 4 des Entwurfs einer AppO; *Zentralstelle für Arbeitsvermittlung der Bundesanstalt für Arbeit*, AIS-Information 3/1983, S. 20 f.

[6] EntwBegr., BTDrs. 10/1963, S. 8.

[7] EntwBegr., BTDrs. 10/1963, S. 8.

[8] *U. Göbel / W. Hardegg u. a.* (Planungsgruppe Medizin Heidelberg), Einführung einer Praxisphase im Anschluß an das Medizinstudium, 1982, S. 3.

14   A. Einführung und Problemstellung

– mindestens 9 Monate im nichtoperativen Bereich,
– 6 Monate im operativen Bereich,
– bis zu 3 Monate im öffentlichen Gesundheitsdienst.

Während des Praktikums soll der Praktikant seine Kenntnisse und praktischen Fähigkeiten vertiefen. Ihm soll ausreichend Gelegenheit gegeben werden, ärztliche Tätigkeiten einzuüben und allgemeine ärztliche Erfahrungen zu sammeln. Der Praktikant soll alle ihm zugewiesenen ärztlichen Tätigkeiten mit einem dem wachsenden Stand seiner Kenntnisse und Fähigkeiten entsprechenden Maß an Eigenverantwortlichkeit verrichten. Er soll nach Beendigung des Praktikums in der Lage sein, den ärztlichen Beruf eigenverantwortlich und selbständig auszuüben (§ 34 b EAppO). Es kann vorgeschrieben werden, daß der AIP an begleitenden Ausbildungsveranstaltungen teilzunehmen hat, die der Vertiefung seines Wissens und der Behandlung von Fragen der ärztlichen Berufstätigkeit dienen. Als Mindestvoraussetzung dürfen nicht mehr als vier Ausbildungsveranstaltungen von je zwei- bis dreistündiger Dauer jährlich vorgeschrieben werden (§ 4 IV 5, 6 BÄO). § 34 b II 1 der 5. VO zur Änderung der AppO vom 5. Sept. 1985 sieht vor, daß der AIP an mindestens 8 Ausbildungsveranstaltungen teilnehmen soll, Art. 2 II 3 des EAppO Sept. 1985 sieht vor, daß die Zahl der Ausbildungsveranstaltungen für die Übergangszeit auf 6 reduziert wird.

IV. Funktion und Status

Für die Einführung der obligatorischen AIP-Zeit wird vorausgesetzt, daß die Praktikanten ausreichende Möglichkeiten erhalten, ärztliche Tätigkeiten einzuüben. Sie sollen während ihrer Tätigkeit einen Beitrag zur stationären oder teilstationären sowie ambulanten Versorgung der Patienten leisten oder sogar die Aufgaben voll ausgebildeter Kräfte übernehmen[9]. Ihre Tätigkeit soll so gestaltet sein, daß sie unter der Aufsicht eines Arztes, der die volle Approbation besitzt, ärztliche Tätigkeiten verrichten und ärztliche Erfahrungen sammeln (§ 4 IV BÄO). Es muß also sichergestellt werden, daß außer für die Krankenversorgung auch für die Anleitung der AIP eine genügende Anzahl von (Assistenz-)Ärzten zur Verfügung steht.

---

[9] EntwBegr. AppO (o. Fn. 4), S. 21.

IV. Funktion und Status

Der Praktikant soll bereits Arzt, aber nur zur Ausübung des ärztlichen Berufs als angestellter Arzt in untergeordneter Stellung berechtigt sein. Zu diesem Zweck erhält er eine auf die Tätigkeit als AIP beschränkte Erlaubnis. Sie darf nur widerruflich und bis zu einer Gesamtdauer der Tätigkeit erteilt werden, derer es zum Abschluß der Ausbildung bedarf (§ 10 IV BÄO). Die Gestaltung der vorläufig beschränkten Erlaubnis erfolgte in Anlehnung an den Rechtsstatus eines ausländischen Absolventen der Universitätsausbildung, der aufgrund einer besonderen Erlaubnis in der Bundesrepublik die nach nationalem Recht zum Abschluß der Ausbildung geforderte Assistententätigkeit ableistet (§ 10 V BÄO).

Der AIP ist noch nicht voll approbierter Arzt. Dessen Rechtsstatus ist eindeutig geklärt. Im Rahmen seiner Heiltätigkeit soll der vollapprobierte Arzt nicht irgendwelchen Weisungen Dritter unterliegen, sondern die zu treffenden Entscheidungen ausschließlich in Orientierung an den jeweiligen medizinischen Sacherfordernissen und gestützt auf sein ärztliches Berufsethos selbständig und eigenverantwortlich fällen[10]. Der AIP ist noch in der Ausbildung – wenngleich nicht mehr Student[11]. Er ist an die Weisungen des ausbildenden Arztes gebunden. Die Approbation für die vollberechtigte Tätigkeit als Arzt wird mithin in zwei Stufen erteilt:

– Nach 6 Jahren Studium erhält der AIP den ersten Teil der Approbation in Gestalt einer Erlaubnis zur Krankenbehandlung als Assistent in einer Klinik oder in der Praxis eines niedergelassenen Arztes,

– dann nach zwei Jahren erhält er die Berechtigung zur Niederlassung in eigener Praxis und damit auch die Möglichkeit, die Zulassung zur gesetzlichen Krankenversicherung zu beantragen.

Die Erlaubnis nach § 10 IV BÄO kann als „hinkende Approbation", als „Approbation mit Sperrvermerk" bezeichnet werden; insgesamt hat man es mit einer „gespaltenen Approbation" zu tun[12].

Der AIP unterscheidet sich dadurch, daß er bereits Arzt ist, vom Medizinalassistenten nach der Bestallungsordnung von 1953. Dieser war nicht Arzt und durfte eine große Zahl wesentlicher ärztlicher Verrichtungen nicht selbst vornehmen. Wegen der Mängel in Ausbildung und

---

[10] *E. Fleischmann*, Die freien Berufe im Rechtsstaat, 1970, S. 57f.; BVerwGE 45, 162 (166); *Narr*, Ärztliches Berufsrecht, 1973, S. 37.
[11] EntwBegr. BÄO, BTDrs. 10/1963, S. 7; EntwBegr. AppO (o. Fn. 4), S. 17.
[12] *Wissenschaftsrat* (o. Fn. 1), S. 165.

Unterweisung und wegen der fehlenden Kontroll- und Steuerungsmöglichkeiten wurde dieser Status aufgegeben. Die Begründung des Entwurfs der AppO geht auf S. 18 davon aus, daß der AIP ärztliche Tätigkeiten – Bereitschaftsdienste etc. – ausüben darf und daß seine Tätigkeit auf die Weiterbildung anrechenbar sein wird.

Insgesamt liegt der Status des AIP näher bei dem des Pflichtassistenten nach der Bestallungsordnung von 1939. Auch dieser war teilapprobiert und war in seiner ärztlichen Tätigkeit lediglich durch das Verbot zur Niederlassung in eigener Praxis beschränkt.

Nach der Begründung des Entwurfs einer AppO soll der Vorzug des AIP gegenüber dem Status des Pflichtassistenten in der Beschränkung auf eine befristete Praktikumstätigkeit liegen, die zum Einsatz in Bereichen ärztlicher Tätigkeiten zwingt, in denen der Berufsanfänger das für eine selbständige Berufsausübung noch erforderliche Wissen erwerben kann[13]. Auch soll es die Einführung der AIP-Praxis erleichtern, daß die Praktikanten - vorbehaltlich der ärztlichen Aufsicht über ihre Ausbildung – ihre volle Arbeitskraft dem Arbeitgeber zur Verfügung stellen können[14]. Zugunsten des „AIP" wurde auf andere Bezeichnungen – wie „Medizinalreferendar" etc. – verzichtet. Die Statusumschreibung und -bezeichnung „Arzt im Praktikum" soll deutlich machen, daß die Praxisphase nicht in erster Linie auf den Abbau hochschulspezifischer Ausbildungsmängel zielt, sondern dem Erwerb praktischer Erfahrung und der Einübung ärztlicher Tätigkeiten dient[15].

V. Verhältnis zur Kassenzulassung und Facharztausbildung

Ungeklärt ist bisher das Verhältnis der AIP-Zeit zu den Voraussetzungen der Zulassung zur Kassenpraxis und zur Facharztweiterbildung.

Zunächst zur Kassenzulassung.

Aufgrund des § 368 c der RVO in der in BGBl. III, Gliederungsnummer 820-1 veröffentlichten bereinigten Fassung hatte die 1. Verordnung zur Änderung der Zulassungsordnung für Kassenärzte – in der in BGBl. III, 8230-25 veröffentlichten bereinigten Fassung – vom 20. Juli 1977 (BGBl.,

---

[13] s. o. Fn. 4, S. 18.
[14] *Hardegg* (o. Fn. 8), S. 52.
[15] Dazu *Hardegg* (o. Fn. 8), S. 2.

V. Verhältnis zur Kassenzulassung und Facharztausbildung

1332) in Art. 1 Nr. 2 bestimmt, daß nach § 3 der Zulassungsordnung zur Kassenzulassung außer der Approbation die Ableistung einer sechsmonatigen Vorbereitungszeit auf die kassenärztliche Tätigkeit notwendig sei. Die 3. Verordnung vom 14. 12. 1983 (BGBl., 1431) zur Änderung der Zulassungsordnung für Kassenärzte hatte in Art. 1 Nr. 1 den § 3 der Zulassungsordnung so geändert, daß die Vorbereitungszeit auf 18 Monate verlängert wurde. Nach Art. 3 Satz 3 soll diese Anordnung aus EG-rechtlichen Gründen am 31. Dezember 1988 außer Kraft treten.

Daß die zweijährige AIP-Zeit auf die Vorbereitungszeit für die Zulassung zur Kassenpraxis angerechnet werden soll, ist unbestritten. Art und Umfang der Berücksichtigung sind es hingegen nicht. Der frühere Gesundheitsminister Geißler – FAZ vom 8. Juni 1985 – und der Wissenschaftsrat[16] befürworten eine sofortige Zulassung zur Kassenpraxis nach Ablauf der zweijährigen AIP-Zeit. Es könnten keine anderen Maßstäbe gelten als die für die Eröffnung einer Privatpraxis. Zwar müsse der Arzt vor der Kassenzulassung mit der Technik des Abrechnungswesens vertraut gemacht werden; das könne aber innerhalb der zweijährigen Praxisphase geschehen. Die kassenärztliche Bundesvereinigung (KBV) schlägt vor, nach Ableistung der zweijährigen AIP-Zeit noch ein weiteres Jahr zur Vorbereitung auf die Kassenarzttätigkeit vorzusehen[17]. Dieses „Hausarztmodell" der KBV sieht also eine dreijährige strukturierte Vorbereitungszeit auf die Kassenpraxis vor.

Ungeklärt ist auch die Anrechnung der AIP-Zeit auf die Weiterbildung. Dieser Bereich ist der Gesetzgebung des Bundes, die nach Art 74 Nr. 19 GG nur die Zulassung zum ärztlichen Beruf und damit die Ausbildung zum Arzt umfaßt, nicht zugänglich[18]. Die ärztliche Weiterbildung ist in den Kammer- und Heilberufsgesetzen der Länder und in den Weiterbildungsordnungen für Ärzte geregelt, die aufgrund dieser Gesetze von den Landesärztekammern mit Genehmigung der zuständigen Landesbehörden erlassen werden. Unter Beachtung der vom Deutschen Ärztetag beschlossenen Musterweiterbildungsordnungen sind die Regelungen[19] weitgehend ländereinheitlich.

---

[16] (o. Fn. 1), S. 165.
[17] Ausschußprotokoll 29/33 (o. Fn. 3), S. 140; Deutsches Ärzteblatt 1985, S. 1592.
[18] EntwBegr., BTDrs. 10/1963, S. 9; BVerfGE 4, 74 (84); 7, 18 (25); 33, 125 (154); BVerwG DÖV 1981, 577 (578).
[19] Dazu *Christian Starck*, Grundgesetz und ärztliche Berufsordnungen, Baden-Baden 1969, S. 15 f.

Die Weiterbildungszeiten betragen zur Zeit für 27 Weiterbildungsgebiete[20] von drei bis zu sechs Jahre. Gegenwärtig durchlaufen fast zwei Drittel aller Ärzte eine Weiterbildung, wobei das Verhältnis von Gebietsärzten zu Allgemeinärzten/Hausärzten 60:40 beträgt. Es ist vorgesehen, daß die AIP-Zeit auf die Weiterbildung angerechnet wird. In welchem Umfang das geschehen soll, ist hingegen unklar[21]. Die Möglichkeit einer Anrechnung soll allgemein das Bemühen um eine weitere Qualifikation fördern. Es sei davon auszugehen, daß viele Ärzte sich zu einer Weiterbildung entschließen würden, wenn sie mit anrechenbaren Tätigkeitszeiten als AIP auch bereits Teile der Weiterbildung absolvieren könnten.

Die bei der Vorbereitung der AIP-Regelung ebenfalls erörterte Möglichkeit, Kassenvorbereitungszeit und Weiterbildung dergestalt voneinander abhängig zu machen, daß die Zulassung als Kassenarzt von einer Weiterbildung zum Allgemeinarzt oder zum Facharzt abhängig zu machen, ist im Endergebnis nicht weiter verfolgt worden[22]. Für die Verwerfung dieses Vorschlages waren im wesentlichen zwei Gründe maßgeblich: ein rechtlicher und ein praktischer. Zunächst erschien es verfassungsrechtlich bedenklich, die Ausübung des Berufs eines Kassenarztes mit einer bisher freiwillig zu erwerbenden Qualifikation zu verknüpfen[23], sodann erschien es ausgeschlossen, eine ausreichende Zahl von Weiterbildungsstellen bereitzuhalten[24].

VI. Anpassung an die EG-Richtlinien

Ein wesentlicher Grund für die Einführung der zweijährigen AIP-Zeit durch die BÄO vom 14. März 1985 ist schließlich die zu erwartende Verabschiedung einer EG-Richtlinie über die spezifische Ausbildung in der Allgemeinmedizin. Grundlage der Regelung der Medizinerausbildung

---

[20] Anlage zur Weiterbildungsordnung, Deutsches Ärzteblatt 1985, S. 1101 ff., 1192 ff.
[21] EntwBegr. BÄO, BTDrs. 10/1963, S. 8.
[22] Entwurf der Kommission der EG für einen Richtlinienvorschlag betr. die Weiterbildung zum Allgemeinarzt, Dok II/B/129/1(81); Entwurf der SPD-Fraktion eines Gesetzes zur Gewährleistung der Weiterbildung der Hausärzte in der kassenärztlichen Versorgung (Hausärzte-Weiterbildungs-Gesetz) vom 28. 7. 1984, BTDrs. 10/1755.
[23] EntwBegr. BÄO BTDrs. 10/1963, S. 9.
[24] Ausschußprotokoll 29/33 (o. Fn. 3), S. 18f.; *Hardegg* (o. Fn. 8), S. 48.

VI. Anpassung an die EG-Richtlinien

durch Europäisches Recht ist die EG Richtlinie Nr. 363 des Rates zur Koordination der Rechts- und Verwaltungsvorschriften für die Tätigkeit des Arztes vom 16. Juni 1975 (ABl. L 167/14). Danach umfaßt die ärztliche Gesamtausbildung 6 Jahre oder 5500 Stunden an einer wissenschaftlichen Hochschule oder unter Aufsicht einer Hochschule. Die Weiterbildung hat nach Art. 4 der Richtlinie eine Länge von 3 bis 5 Jahren.

Auf dieser Richtlinie aufbauend sah der Entwurf der Kommission für einen Richtlinienvorschlag betr. die Weiterbildung zum Allgemeinarzt von 1981 (DoK II D/129/1 (81)) in zwei Stufen in die neunziger Jahre hinein eine obligatorische zweijährige Weiterbildung für alle freiberuflich tätigen Ärzte vor. Dieser Entwurf ist in dem Vorschlag der Kommission einer EG-Richtlinie Nr. 654 vom 30. 11. 1984 (DoK 11387/84) über eine spezifische Ausbildung in der Allgemeinmedizin derart modifiziert worden, daß anstelle der Weiterbildung in der Allgemeinmedizin eine „spezifische Ausbildung" in der Allgemeinmedizin tritt. Voll approbierter Arzt soll nur werden können, wer eine zweijährige Vollzeitausbildung mehr praktischer als theoretischer Art unter der Aufsicht der zuständigen Behörden oder Stellen absolviert hat. Bis zum 1. Januar 1988 soll die Ausbildung eingeführt werden. Ab 1. Januar 1990 kann dann das 1. Diplom als Arzt für Allgemeinmedizin erteilt werden. Ab 1. Januar 1992 soll sodann die Tätigkeit als praktischer Arzt im jeweiligen Sozialversicherungssystem nur noch möglich sein, wenn der Arzt im Besitz eines Diploms über die spezifische Ausbildung in der Allgemeinmedizin ist.

Die zuständigen Ausschüsse des Bundesrates haben in einer Empfehlung[25] festgestellt, daß der Richtlinienvorschlag noch eine Reihe ungelöster Fragen enthalte und möglicherweise bei der Umsetzung in innerdeutsches Recht erhebliche Veränderungen in der ärztlichen Aus- und Weiterbildung sowie im System der gesundheitlichen Versorgung der Bevölkerung zur Folge habe. Insbesondere sei unklar, ob die Voraussetzungen einer „spezifischen Ausbildung in der Allgemeinmedizin" durch die AIP-Zeit erfüllt werden könne und ob, zumindest mittelfristig, für den Zugang zur Kassenpraxis eine obligatorische Weiterbildung eingeführt werden solle. Der Ausschuß empfiehlt dem Plenum, die Bundesregierung zu bitten, bei den weiteren Beratungen darauf zu achten, daß eine Regelung erreicht wird, welche der neu eingeführten Zeit einer Tätigkeit als AIP Rechnung trägt. Weiter solle eine obligatorische Wei-

---

[25] Empfehlung an das Plenum vom 10. 5. 1985, BRDrs. 10/1/85.

terbildung vermieden werden. Die Bundesregierung hatte schon vorher –
am 10. 1. 1985 – verlauten lassen[26], nach ihrer Auffassung müsse auf
Lösungen hingearbeitet werden, die es der Regierung ermöglichen, die in
dem Richtlinienvorschlag vorgesehene Zusatzausbildung zu der ärztlichen Ausbildung anzusiedeln und sie in der zweijährigen Praxisphase
nach dem Medizinstudium aufzufangen.

---

[26] Klinikarzt 14/1985, S. 276.

B. Überprüfung der Verfassungsmäßigkeit der Arzt-im-Praktikum-Regelung

Gegen die Verfassungsmäßigkeit der Arzt-im-Praktikum-Regelung des § 3 I 1 Nr. 5 BÄO i.d.F. des 4. Änderungsgesetzes zur BÄO vom 14. März 1985[27] ergeben sich Bedenken in zweifacher Hinsicht. Es kommt ein Verstoß gegen Art. 12 I GG (I.) sowie gegen Art. 2 I GG in Verbindung mit dem Rechtsstaatsprinzip (Art. 20 III, 28 I GG) (II.) in Betracht.

I. Verstoß gegen das Berufsgrundrecht (Art. 12 GG)

Die Verpflichtung nach Abschluß des Studiums eine Zeit als Arzt im Praktikum absolvieren zu müssen, könnte gegen das Grundrecht der Studenten und Studentinnen der Medizin verstoßen, Beruf, Arbeitsplatz und Ausbildungsstätte frei zu wählen (Art. 12 GG). Zweifelhaft ist, ob die Einführung der AIP-Zeit geeignet und erforderlich ist, den Zweck des Gesetzes – Verbesserung der gesundheitlichen Versorgung der Bevölkerung – zu erreichen. Außerdem ist fraglich, ob diese Regelung zumutbar ist und ob der Staat in der Lage ist, die Bereitstellung einer ausreichenden Zahl von AIP-Stellen zu garantieren.

1. Das Berufsgrundrecht

a) Berufswahl-, Ausbildungs- und -ausübungsfreiheit

Gemäß Art. 12 I 1 GG haben alle Deutschen das Recht, Beruf, Arbeitsplatz und Ausbildungsstätte frei zu wählen. Die Berufsausübung kann nach Art. 12 I 2 GG durch Gesetz oder aufgrund eines Gesetzes geregelt werden. § 3 BÄO regelt einen Teil der Ausbildung zum vollapprobierten Arzt. Die Ableistung der AIP-Zeit ist eine Voraussetzung für die Zulassung zum ärztlichen Beruf. Sie beschränkt damit die Freiheit der Berufswahl. Art. 12 I GG enthält keinen Vorbehalt für den Gesetzgeber, die

---

[27] BGBl. I, S. 555.

Freiheit der Berufswahl einzuschränken. Der Gesetzesvorbehalt bezieht sich vielmehr ausdrücklich nur auf die Berufsausübung. Gleichwohl ist es nach der Rechtsprechung des Bundesverfassungsgerichtes[28] dem Gesetzgeber nicht verwehrt, auch die Voraussetzungen der Berufswahl zu regeln. Art. 12 GG enthält ein einheitliches Berufsgrundrecht, das den ganzen Komplex der beruflichen Betätigung als Grundlage der Lebensführung umfaßt[29]. Berufliche Betätigung beginnt mit der Berufswahl, an die sich die Berufsausbildung anschließt, welche schließlich in die Berufsausübung einmündet.

Nach der Auslegung des Bundesverfassungsgerichtes erstreckt sich die Regelungsbefugnis in Art. 12 I 2 GG damit auf die Berufsausübung und Berufswahl, aber nicht auf beide in gleicher Intensität. Sie ist um der Berufsausübung willen gegeben und darf nur unter diesem Gesichtspunkt allenfalls auch in die Freiheit der Berufswahl eingreifen. Inhaltlich ist sie um so freier, je mehr sie reine Ausübungsregelung ist, um so enger begrenzt, je mehr sie auch die Berufswahl berührt[30]. Das Bundesverfassungsgericht hat in seiner Rechtsprechung auch mehrfach auf den engen Zusammenhang zwischen Ausbildung einerseits und Berufswahl und -ausübung andererseits hingewiesen[31]. Berufsausbildung bereitet auf Berufsausübung vor und ist – wenn sie zwingend vorgeschrieben ist – Zulassungsvoraussetzung für die Berufsausübung. Zumindest dann, wenn die Aufnahme eines Berufes – wie bei Ärzten – eine bestimmte Ausbildung voraussetzt, sind Beschränkungen der Ausbildung – etwa durch Begrenzung des freien Zuganges zur Ausbildung – ähnlich streng zu beurteilen wie Zulassungsvoraussetzungen für den Beruf selbst[32].

Die AIP-Zeit ist in beiderlei Hinsicht an Art. 12 GG zu messen. Sie ist einerseits Zulassungsvoraussetzung für die Berufsausübung als Arzt, insofern niemand selbständig praktizierender Arzt werden kann, der nicht die AIP-Ausbildung erfolgreich absolviert hat. Sie ist insoweit nach der Intention des Gesetzgebers primär um der Qualität der Berufsausübung willen erforderlich. Die Berufswahlfreiheit ist mittelbar be-

---

[28] E 7, 377 (406); 13, 97 (106); 19, 330 (336); 33, 303 (329); 37, 342 (352), stdg. Rspr.
[29] E 7, 377 (401, 406); 33, 303 (330).
[30] E 7, 377, Leitsatz 5.
[31] E 7, 377 (406); 33, 303 (330).
[32] E 33, 303 (329 f.); bereits vorher BVerwG JZ 1963, 675; vgl. auch BVerwGE 6, 13 und 7, 287.

I. Verstoß gegen das Berufsgrundrecht

troffen. Andererseits ist nicht sichergestellt, daß für alle angehenden Ärzte nach Ablegung der ärztlichen Prüfung AIP-Stellen zur Verfügung stehen. Insofern ist die Berufswahlfreiheit unmittelbar betroffen, da der Beruf des Arztes nicht mehr frei gewählt werden kann.

b) Einschränkbarkeit

Art. 12 GG ist zunächst in seiner das Berufsgrundrecht beschränkenden Perspektive heranzuziehen. Der Gesetzesvorbehalt erstreckt sich nicht nur auf die Berufsausübung, sondern auch auf die Berufswahl und die Ausbildungsfreiheit. Für alle Regelungen, die in die Teilsphären der Berufsfreiheit eingreifen, ist eine gesetzliche Grundlage erforderlich. Wenn schon die in Art. 12 I GG erwähnten Berufsausübungsregelungen der gesetzlichen Grundlage bedürfen, dann erst recht Begrenzungen der Berufswahl und solche Begrenzungen der Wahl der Ausbildungsstätte, die sich auf die Freiheit der Berufswahl auswirken können[33].

Die gesetzliche Regelung muß sich in erster Linie am Verhältnismäßigkeitsprinzip orientieren. Es ist eine Ausprägung des Rechtsstaatsprinzips[34] und fordert, daß der einzelne von unnötigen und übermäßigen Eingriffen bewahrt bleibt. Ein Gesetz darf den Bürger nicht stärker belasten, als es zum Schutz öffentlicher Interessen unerläßlich ist[35]. Der Eingriff in die grundrechtliche Freiheit muß im rechten Verhältnis zu den zu schützenden öffentlichen Interessen stehen. Je empfindlicher Grundrechtsträger in ihrer Berufsfreiheit beeinträchtigt werden, desto stärker müssen die Interessen des Gemeinwohls sein, denen diese Regelung zu dienen bestimmt ist[36].

Wenn das gewählte Mittel und der gewollte Zweck in einem vernünftigen Verhältnis zueinander stehen müssen[37], so bedeutet das, daß der Ein-

---

[33] E 33, 303 (337).
[34] BVerfG DVBl. 1985, 671 (675); E 17, 306 (313); 19, 342 (348); 55, 159 (165), stdg. Rspr.
[35] E 69, 1 (35); *Starck* (o. Fn. 19), S. 24.
[36] BVerfGE 38, 348 (368); BVerwGE 38, 68 (70); *Hirschberg*, Der Grundsatz der Verhältnismäßigkeit, Göttingen 1981; *Lerche*, Übermaß und Verfassungsrecht, Köln 1961; *Grabitz*, AöR 98 (1973), S. 568; *Stern*, Staatsrecht, Bd. I, 2. Aufl., 1984, S. 861 f.; *Maunz / Dürig / Herzog / Scholz*, Grundgesetz, Kommentar, Stand 1985, Art. 20, VII, Rn. 71 ff.; *Wendt*, AöR 104 (1979), S. 414; *Haverkate*, Rechtsfragen des Leistungsstaates – Verhältnismäßigkeitsgebot und Freiheitsschutz im leistenden Staatshandeln, Tübingen 1983, S. 13 ff.; *Wendt*, Eigentum und Gesetzgebung, Hamburg 1985, S. 280 f.

24   B. Die Verfassungsmäßigkeit der Arzt-im-Praktikum-Regelung

griff zur Erreichung des vom Gesetzgeber erstrebten Zieles geeignet, aber auch erforderlich sein muß, d. h. daß das Ziel nicht auf eine andere, den Einzelnen weniger belastenden Weise ebensogut erreicht werden kann und daß schließlich das Maß der den Einzelnen treffenden Belastung noch in einem vernünftigen Verhältnis zu den ihm und der Allgemeinheit erwachsenden Vorteilen steht[38]. Das gewählte Mittel ist geeignet, wenn mit seiner Hilfe der gewünschte Erfolg befördert werden kann. Die Regelung muß sachgerecht, zwecktauglich, praktikabel sein[39]. Das gewählte Mittel muß erforderlich sein, d. h. der Gesetzgeber ist verpflichtet, von mehreren zur Zweckerreichung gleich geeigneten Regelungen diejenige zu wählen, die die – entgegengesetzten – Freiheitsinteressen der Bürger in größtmöglichem Umfang wahrt[40]. Schließlich muß der Eingriff in die Freiheitsrechte zumutbar sein, d. h. im rechten Verhältnis zu den zu schützenden öffentlichen Interessen stehen; er darf nicht übermäßig belastend sein[41].

Eine Ausprägung der Anwendung des Verhältnismäßigkeitsprinzips auf die Berufsfreiheit ist die sog. „Stufentheorie"[42], wonach das öffentliche Interesse um so dringlicher sein muß, je einschneidender die Berufsfreiheit eingeschränkt wird[43]. Dabei unterscheidet das Bundesverfassungsgericht Eingriffe in die Berufsausübung und die Berufswahl. Zur Rechtfertigung von Eingriffen in die Berufsausübung reicht jede sachgerechte und vernünftige Erwägung des Gemeinwohls. Die Regelungsbefugnis ist um so enger begrenzt, je mehr sie auch die Freiheit der Berufswahl berührt. Erforderlich sind nachweisbare und höchstwahrscheinlich schwere Gefahren für ein überragend wichtiges Gemeinschaftsgut; das Verhältnismäßigkeitsprinzip ist zu wahren[44].

---

[37] E 10, 117; 35, 401.

[38] E 30, 316; 38, 302; 35, 401.

[39] E 9, 39 (57); 19, 330 (337); 25, 44 (58); 69, 1 (53); *Hirschberg* (o. Fn. 36), S. 50 f.

[40] BVerfGE 19, 337; 30, 316; 39, 230; 40, 382; 49, 220 (232); *Hirschberg* (o. Fn. 36), S. 56 ff., 153 ff.; *Herzog*, in: Maunz / Dürig / Herzog / Scholz (o. Fn. 36), VII, Rn. 75.

[41] E 30, 316; 35, 401; 38, 302; 49, 220 (232); *Hirschberg* (o. Fn. 36), S. 75 f.

[42] E 7, 377; *Starck* (o. Fn. 19), S. 24; *Tettinger* (o. Fn. 1), S. 57, Fn. 245 f.

[43] Vgl. dazu auch das Gutachten von *Dieter Blumenwitz* (o. Fn. 1) und das Gutachten von *Georg Wannagat* und *Wolfgang Gitter*, Zur Gefährdung der Beitragsstabilität und der sachgerechten Kassenärztlichen Versorgung durch die steigende Arztzahl, 1985.

[44] E 33, 337.

Dem Verhältnismäßigkeitsprinzip entsprechend, unterscheidet das Bundesverfassungsgericht Beschränkungen der Berufswahl durch subjektive und objektive Zulassungsvoraussetzungen. Um subjektive Zulassungsvoraussetzungen handelt es sich, wenn es um den Besitz persönlicher Eigenschaften, Fähigkeiten und Fertigkeiten geht[45]. Subjektive Zulassungsvoraussetzungen – Vorbereitungszeiten, Prüfungen etc. – dienen i. d. R. der ordnungsgemäßen Ausübung der Berufstätigkeit und sind, wenn die qualifizierte Berufsausübung von großer öffentlicher Bedeutung ist und wenn sie zu deren Zweck nicht außer Verhältnis steht, verfassungsrechtlich zulässig.

Nur zur Abwehr nachweisbarer und höchstwahrscheinlich schwerer Gefahren für ein überragend wichtiges Gemeinschaftsgut und nur unter strikter Wahrung des Grundsatzes der Verhältnismäßigkeit sind objektive Zulassungsvoraussetzungen zulässig[46]. Zu den objektiven Zulassungsvoraussetzungen gehören solche Vorbedingungen der Berufsaufnahme, die der Bewerber aus eigener Kraft nicht überwinden kann. Hierzu gehört insbesondere der Numerus Clausus. Da von der Wahl des Studienfaches und dem Durchlaufen späterer Ausbildungsphasen zugleich die Wahl des späteren Berufes abhängt, stellt sich ein absoluter Numerus Clausus für bestimmte Ausbildungseinrichtungen, der auf einer Erschöpfung der Ausbildungskapazitäten beruht, als objektive Zulassungsvoraussetzung dar[47]. Zu den objektiven Zulassungsvoraussetzungen gehören auch überlange Wartezeiten, deren Dauer der Einzelne durch eigenes Zutun nicht beeinflussen kann. Solche Wartezeiten können namentlich von Bewerbern aus sozial schwächeren Kreisen nicht durchgehalten werden und verkehren ihre chancenausgleichende Funktion, die sie als Mittel der Kanalisierung übermäßig großer Bewerberzahlen ursprünglich hatten[48].

Es können nur wenige überragend wichtige Gemeinschaftgüter sein, welche kapazitative Restriktionen rechtfertigen. I. d. R. müssen sie sich auf die Ordnungsmäßigkeit der Ausbildung richten[49]. Maßnahmen, die primär der Berufslenkung dienen, sind mit dem Berufsgrundrecht unver-

---

[45] E 9, 345.
[46] E 7, 377 (338); 11, 183; 21, 251; 25, 11; 31, 291.
[47] E 33, 332 (338); E 59, 172.
[48] E 43, 291 (319, 389).
[49] BVerwG JZ 1963, 675; BVerfGE 33, 303 (340); *Tettinger* (o. Fn. 1), S. 89.

einbar[50]. Die Sicherung von Verdienstchancen, der Konkurrenzschutz, die Niveaupflege sind keine objektive Zulassungsbeschränkungen legitimierende Gründe[51].

c) Art. 12 GG als Leistungsanspruch

Der verfassungsrechtliche Schutz der Berufsfreiheit erschöpft sich indessen nicht in der den Freiheitsrechten herkömmlich beigemessenen Schutzfunktion gegen Eingriffe der öffentlichen Gewalt. Das Bundesverfassungsgericht hat mehrfach ausgesprochen, daß die Grundrechte zugleich als objektive Normen eine Wertordnung statuieren, die als verfassungsrechtliche Grundentscheidung für alle Bereiche des Rechts Geltung beanspruchen, und daß daher die Grundrechte nicht nur Abwehrrechte des Bürgers gegen den Staat sind[52]. Je stärker der moderne Staat sich der sozialen Sicherung und der kulturellen Förderung der Bürger zuwendet, desto mehr tritt im Verhältnis zwischen Bürger und Staat neben das ursprüngliche Postulat grundrechtlicher Freiheitssicherung vor dem Staat die komplementäre Forderung nach grundrechtlicher Verbürgung der Teilhabe an staatlichen Leistungen. Diese Entwicklung zeigt sich besonders deutlich im Bereich des Ausbildungswesens, das sich insoweit trotz des im übrigen bestehenden engen Zusammenhanges mit der Berufswahl von dieser erkennbar abhebt. Die Berufsfreiheit verwirklicht sich vorwiegend im Bereich der privaten Berufs- und Arbeitsordnung. Die freie Wahl der Ausbildungsstätte zielt ihrer Natur nach auf freien Zugang zu Einrichtungen; das Freiheitsrecht wäre ohne die tatsächliche Voraussetzung, es in Anspruch nehmen zu können, wertlos[53].

Die Anerkennung dieser Berechtigung steht nicht im Belieben des Gesetzgebers. Dabei kann nach Auffassung des Bundesverfassungsgerichts dahingestellt bleiben, ob „Teilhaberechte" in gewissem Umfange bereits daraus hergeleitet werden könnten, daß der soziale Rechtsstaat eine Garantenstellung für die Umsetzung des grundrechtlichen Wert-

---

[50] E 11, 30 f.; 33, 303 (330) unter Bezugnahme auf BVerwG JZ 1963, 675 sowie BVerwGE 6, 13; 7, 287 f.; so auch 52. DJT, Bd. I, Teil D, S. 115; anders jetzt rechtspolitisch *Wannagat* (o. Fn. 43) im Gutachten für die Bayerischen Krankenkassen, S. 12: er hält eine ärztliche Bedarfsplanung für Kassenärzte zur Sicherung der Beitragsstabilität als einer Gemeinwohlaufgabe für zulässig.
[51] E 11, 188; *Tettinger* (o. Fn. 1), S. 88.
[52] BVerfGE 21, 362 (372); 33, 303 (330).
[53] E 33, 303 (331).

I. Verstoß gegen das Berufsgrundrecht

systems in die Verfassungswirklichkeit einnimmt[54]. Selbst wenn grundsätzlich daran festzuhalten ist, daß es auch im modernen Sozialstaat der nicht einklagbaren Entscheidung des Gesetzgebers überlassen bleibt, ob und inwieweit er im Rahmen der darreichenden Verwaltung Teilhaberechte gewähren will, so können sich doch, wenn der Staat gewisse Ausbildungseinrichtungen geschaffen hat, aus dem Gleichheitssatz i.V.m. Art. 12 I GG und dem Sozialstaatsprinzip Ansprüche auf Zutritt zu diesen Einrichtungen ergeben. Das gilt besonders da, wo der Staat ein faktisches, nicht beliebig aufgebbares Monopol hat. Hier kann es in einem freiheitlichen Rechts- und Sozialstaat nicht mehr der freien Entscheidung der staatlichen Organe überlassen bleiben, den Kreis der Begünstigten nach ihrem Gutdünken abzugrenzen. Hier hat jeder Bewerber ein Recht, an der gebotenen Lebenschance prinzipiell gleichberechtigt beteiligt zu werden[55].

Dabei kann der Staat sich nicht darauf beschränken, vorhandene Ausbildungsplätze zu verteilen. Es ist vielmehr zu fragen, ob er nicht die Verpflichtung hat, die nicht ausreichenden Kapazitäten auszuweiten[56]. Auch wenn man einklagbare Individualrechte nicht anerkennt, wird man eine so geartete objektive Verpflichtung des Sozialstaates annehmen müssen. Bei evidenter Verletzung jenes Verfassungsauftrages kommen auch verfassungsrechtliche Konsequenzen in Betracht. Die Verpflichtung des Staates steht nur unter dem Vorbehalt des Möglichen i.S. dessen, was der Einzelne vernünftigerweise von der Gesellschaft verlangen kann[57]. Das ist eine äußerste Begrenzung des Berufsgrundrechtes, die ein überragend wichtiges öffentliches Interesse erzwingt.

Auch in bezug auf die positive Verwirklichung des Berufsgrundrechtes ist der Verhältnismäßigkeitsgrundsatz zu beachten[58]. Es ist zu fragen, ob die Ausstattung des Grundrechtes mit bestimmten Befugnissen durch den Gesetzgeber geeignet ist, um die der Natur des Rechtes, seiner Bedeutung in der Sozialordnung und seiner ihm sonst zugedachten Funktion entsprechende Funktionsfähigkeit sicherzustellen[59]. Auch muß

---

[54] BVerwGE 27, 360.
[55] E 33, 303 (332).
[56] E 33, 303 (333).
[57] E 33, 303 (333).
[58] *Haverkate* (o. Fn. 36), S. 13 ff.
[59] *Wendt*, (o. Fn. 36), S. 283.

gefragt werden, ob die Ausstattung des Grundrechtes erforderlich und angemessen ist[60].

Wie bereits festgestellt, ist es dem Staat verwehrt, bei der Zurverfügungstellung von Ausbildungsplätzen – auf die sich Teilhabeansprüche richten – Gesichtspunkte der Berufslenkung zu berücksichtigen[61]. Nun hat das Bundesverfassungsgericht[62] allerdings ausgeführt, dem Gesetzgeber könne es beim Ausbau von Kapazitäten nicht verwehrt sein, sich auch am vordringlichen Kräftebedarf für die verschiedenen Berufe zu orientieren, sofern es nicht gelinge, die individuelle Nachfrage und den gesamtgesellschaftlichen Bedarf zur Deckung zu bringen. Diese Formel ist allerdings im Lichte der vorrangigen Pflicht zur Grundrechterealisierung zu sehen und kann nur dann auslegungsleitend sein, wenn es um die Bestimmung des Möglichen im Rahmen des gesellschaftspolitisch Vertretbaren geht[63].

2. Unverhältnismäßigkeit der AIP-Regelung

a) Das Übermaßverbot

§ 3 I Nr. 5 BÄO ist insoweit mit Art. 12 I GG unvereinbar, als er mit der Einführung der AIP-Zeit eine Zulassungsvoraussetzung für den Arztberuf aufstellt, die im Vergleich zu dem angestrebten Zweck unverhältnismäßig ist.

Dem Wortlaut nach stellt § 3 BÄO eine subjektive Zulassungsvoraussetzung auf. Es geht um die Normierung subjektiver Mindestanforderungen an den Kenntnisstand und die erworbenen Fertigkeiten für den ärztlichen Beruf[64], vergleichbar dem Lehramtsvorbereitungsdienst[65] oder der Referendarausbildung als Voraussetzung für die Tätigkeit als Jurist mit zweitem Staatsexamen[66].

---

[60] *Wendt,* (o. Fn. 36), S. 287 f.
[61] E 33, 303 (330); BVerwG JZ 1963, 675; BVerwGE 6, 13; 7, 287 ff.
[62] In E 33, 303 (335).
[63] Dazu jetzt *Rainer Pitschas,* Berufsfreiheit und Berufslenkung, Berlin 1983, S. 262 f.
[64] *Tettinger* (o. Fn. 1), S. 65, 72.
[65] BVerwG Buchholz 11, Art. 12 Nr. 130, 159.
[66] BVerfGE 16, 24 (243); BVerwG Buchholz 11, Art. 12 Nr. 13, 123.

I. Verstoß gegen das Berufsgrundrecht

Darüber hinaus stellt § 3 BÄO aber de facto eine objektive Zulassungsvoraussetzung dar, da nur ein Teil der Arztanwärter einen Ausbildungsplatz als AIP erhalten wird. Eine objektive Zulassungsbeschränkung ist nur zulässig, wenn sie der Abwehr nachweisbarer und höchstwahrscheinlich schwerer Gefahren für ein überragend wichtiges Gemeinschaftsgut dient. Der Schutz der Volksgesundheit ist ein solches Rechtsgut. Das Ziel des Gesetzes ist die bestmögliche Versorgung der zu behandelnden und zu betreuenden Patienten. Jeder Patient, der sich in die Behandlung eines Krankenhauses oder niedergelassenen Arztes begibt, muß sicher sein, daß sein Grundrecht auf körperliche Unversehrtheit aus Art. 2 II 1 GG nach allen Regeln ärztlicher Kunst gewahrt wird. „Die Krankenversorgung stellt ein überragend wichtiges Gemeinschaftsgut dar, für dessen Schutz der Staat von Verfassungs wegen auch im Hinblick auf das Sozialstaatsprinzip des Art. 20 I GG zu sorgen hat[67]".

Soweit es § 3 BÄO als subjektive Zulassungsvoraussetzung angeht, ist legitimer Maßstab der Regelung das Studienziel, die Ausbildung eines für zukünftige Aufgaben hinreichend gerüsteten Arztes. Bei der ärztlichen Tätigkeit, der heilenden Hilfe, kommt es nicht auf „glanzvolle Theorien", sondern auf erfolgreiches Handeln an. Die Voraussetzung dafür gilt es – so das Ziel der BÄO und der AppO – durch praxisbezogene und patientennahe Ausbildung zu schaffen[68]. Der Verbesserung der praxisnahen und patientenorientierten Ausbildung soll die Zeit als AIP dienen.

Die Einführung einer eineinhalb- bzw. zweijährigen zusätzlichen Praxisphase ist jedoch kein geeignetes und erforderliches Mittel, das genannte Ziel zu erreichen, auch belastet es die Arztanwärter in unzumutbarer Weise.

b) Prognosespielraum des Gesetzgebers

Bei dieser Feststellung ist die Rechtsprechung des Bundesverfassungsgerichtes zum Prognosespielraum und zum Entscheidungsspielraum des Gesetzgebers berücksichtigt. Das Gericht hat sich bisher stets zurück-

---

[67] BVerfG EuGRZ 1981, 342 (344). So auch schon E 7, 377 (414); 9, 38 (52); 14, 330 (338, 346); 20, 283 (245); 25, 236 (247); OVG Münster GewArch. 1981, 221.
[68] *Laufs*, in: Privatautonomie, Eigentum und Verantwortung, Festgabe für H. Weitnauer, 1980, S. 364: Ähnlich in der Sache *Wissenschaftsrat*, Empfehlungen 1976 (o. Fn. 3).

haltend verhalten, wenn es darum ging, die Einschätzung des Gesetzgebers über die tatsächliche Entwicklung einer Regelung zu beurteilen. Regelmäßig hat das Bundesverfassungsgericht nicht seine Einschätzung anstelle der Einschätzung des Gesetzgebers gestellt, es sei denn, die Erwägungen des Gesetzgebers seien unvertretbar, die eingesetzten Mittel objektiv ungeeignet, so daß auch der Gesetzgeber bei Ausschöpfung aller Erkenntnismöglichkeiten im Zeitpunkt des Erlasses des Gesetzes hätte eindeutig feststellen können, daß seine Maßnahmen zwecktauglich sind oder daß sich eindeutig feststellen läßt, daß andere, weniger einschneidende Mittel zur Verfolgung des Zwecks zur Verfügung stehen[69].

Die Zielsetzung und die Bestimmung des geeigneten Mittels zur Zielerreichung setzen eine politische Entscheidung voraus. Naturgemäß muß der Gesetzgeber bei dieser Entscheidung von der Beurteilung der z. Zt. des Erlasses des Gesetzes bestehenden Verhältnisse ausgehen, da die Entwicklung nicht genau vorauszusehen ist und Irrtümer über den Verlauf in Kauf genommen werden müssen[70]. Das Gericht kann vielfach nicht beurteilen, ob eine bestimmte gesetzgeberische Maßnahme geboten ist, weil es nicht wissen kann, ob es andere gleich wirksame Mittel gibt und ob sie für den Gesetzgeber realisierbar sind. Das läßt sich nur übersehen, wenn man die gesamten zu ordnenden Lebensverhältnisse, aber auch die politischen Möglichkeiten der Gesetzgebung kennt.

Allerdings hat das Bundesverfassungsgericht von dieser Beachtung der gesetzgeberischen Entscheidungsprärogative zwei Ausnahmen gemacht. Zunächst hat es ganz allgemein angenommen, daß es die Verfassungswidrigkeit eines Gesetzes feststellen darf, wenn die Mittel zur Erreichung des gesetzgeberischen Zweckes objektiv untauglich[71], objektiv ungeeignet[72], schlechthin ungeeignet sind[73], wenn die gewählte Maßnahme offensichtlich unvertretbar ist[74].

---

[69] E 7, 377 (409); 16, 147 (181); 17, 306 (317); 19, 119 (126); 30, 250 (263); 33, 171 (189); 37, 104 (118); 43, 291 (321); 69,1 (11,18, 53); *Wolff / Bachof*, Verwaltungsrecht, Bd. I, 9. Aufl. (1974), § 31 I c; *Ossenbühl*, Die Kontrolle von Tatsachenfeststellungen und Prognoseentscheidungen durch das Bundesverfassungsgericht, in: Christian Starck, Bundesverfassungsgericht und Grundgesetz, Bd. I, Tübingen 1976, S. 458–518.

[70] E 30, 250 (263).
[71] E 16, 147 (181).
[72] E 17, 306 (317).
[73] E 19, 119 (126).
[74] E 69, 18.

I. Verstoß gegen das Berufsgrundrecht

Ferner hat das Gericht eine Einschränkung in bezug auf die Berufsfreiheit gemacht. Die genannten Prinzipien träfen für den (normalen) Fall eines Grundrechtes zu, das in sich keine abgestuften Schutzbereiche enthalte[75]. Wenn es sich hingegen um ein Grundrecht handelt, das – wie Art. 12 I GG – in sich Bereiche schwächeren und stärkeren Freiheitsschutzes enthalte, dann müsse jedenfalls verfassungsgerichtlich nachprüfbar sein, ob die Voraussetzungen für eine Regelung auf der Stufe vorlägen, wo die Freiheit am stärksten geschützt sei. Es sei also zu prüfen, ob der Eingriff auf der Stufe und so „zwingend geboten" sei.

Die genannten Einschränkungen der Einräumung eines weiten Prognosespielraumes treffen aber hier zu. Der Gesetzgeber hat in den besonders geschützten Bereich der Berufswahl eingegriffen und subjektive Zulassungsvoraussetzungen eingeführt, die in der Praxis die Wirksamkeit von objektiven Zulassungsvoraussetzungen haben. Er hätte auch erkennen können, daß die eingesetzten Mittel offensichtlich ungeeignet sind, das selbstgesetzte Ziel zu erreichen, da ein Numerus Clausus der Stellen als AIP eintreten muß.

Die ergriffenen Maßnahmen sind zunächst objektiv ungeeignet, da sie nicht zu realisieren sind (c). Sie sind ungeeignet, weil sie – unabhängig von der Frage ihrer Realisierbarkeit – auch im übrigen zweckuntauglich sind (d). Ferner ist die Einführung der AIP-Ausbildung zur Erreichung des Zieles besserer praktischer Ausbildung der Ärzte weder erforderlich (e) noch im übrigen zumutbar (f).

c) Unverhältnismäßigkeit als mangelnde Eignung

aa) Mangelnde Eignung als Nichtrealisierbarkeit und Nichtfinanzierbarkeit

Die Einführung einer Ausbildungszeit als AIP ist zur Erreichung besserer praktischer Berufsvorbereitung der Ärzte zunächst deshalb ungeeignet, weil die AIP-Zeit für alle Arztanwärter nicht realisierbar, vor allem auch nicht finanzierbar ist.

Sie ist nicht realisierbar, weil abzusehen war und ist, daß in Krankenhäusern, Praxen niedergelassener Ärzte und im öffentlichen Gesund-

---

[75] E 3, 377 (410).

heitsdienst nicht eine ausreichende Zahl von AIP-Stellen bereitgestellt werden können, wenn die AIP-Ausbildung – wie geplant – Herbst 1987 beginnen soll.

Die in der Begründung des Regierungsentwurfes[76] erwähnte Bereitschaft der Deutschen Krankenhausgesellschaft, der Kassenärztlichen Bundesvereinigung, der Bundesärztekammer und der Verbände der gesetzlichen Krankenkassen, „sich mit allen zu Gebote stehenden Mitteln dafür einzusetzen, daß die Voraussetzungen für die Praxisphase geschaffen werden", kann allenfalls als Absichtserklärung und nur mit Einschränkungen gelten. Zum einen bestreiten die Verbände, eine solche Versicherung abgegeben zu haben, zum anderen haben sie keine Möglichkeiten verbindlicher Einwirkung. Der Ausschuß für Jugend, Familie und Gesundheit hat auch folgende Beschlußempfehlung verabschiedet[77]: Der Bundesrat halte die Einführung der Praxisphase in der vorgesehenen Form ohne zusätzliche, die Durchführbarkeit sicherstellende Regelungen für bedenklich. Deshalb bitte er die Bundesregierung dringend, im weiteren Gesetzgebungsverfahren konkrete Vorschläge für entsprechende bundeseinheitliche Maßnahmen zu machen.

Das Plenum des Bundesrates hat sich dieser Empfehlung angeschlossen und festgestellt[78], daß die Realisierbarkeit und Finanzierbarkeit der Maßnahmen nicht abgesichert sei. Er hat deshalb eine Berichtspflicht der Bundesregierung zum 1. Oktober 1989 und 1990 beschlossen.

Die Westdeutsche Rektorenkonferenz hat im Gesetzgebungsverfahren daran erinnert, daß Bund und Länder den früheren Vorschlag der WRK, in das Zulassungsverfahren zum Medizinstudium ein obligatorisches (Pflege-)Praktikum einzuführen, wegen fehlender Garantie für eine ausreichende Zahl an Plätzen abgelehnt hätten, obwohl seitens der WRK anderslautende Berechnungen und Erklärungen vorgelegt worden seien. Ohne Garantie solle – so die WRK – der Vorschlag des AIP nicht weiterverfolgt werden. Ein zweiter numerus clausus sei nicht hinnehmbar[79].

Die Hardegg-Studie[80] kommt nach eingehender Prüfung der gesetzgeberischen Ziele zu dem Ergebnis, daß aufgrund der kapazitativen Möglich-

---

[76] BTDrs. 10/1963, S. 9.
[77] BRDrs. 264/1/84 vom 2. 7. 1984.
[78] BRDrs. 10/13/85.
[79] Stellungnahme des Präsidiums der WRK vom 19. 6. 1984.
[80] s. o. Fn. 8, S. I.

keiten eine Praxisphase von höchstens einjähriger Laufzeit durchführbar sei, und zwar unter folgenden weiteren Voraussetzungen:

- Auf kapazitätseinschränkende qualitative Eignungsvoraussetzungen müsse verzichtet werden;
- alle Krankenhäuser müßten in vollem Umfange einbezogen werden;
- eine obligatorische Tätigkeit in der Praxis eines niedergelassenen Arztes und im öffentlichen Dienst i.w.S. sei ausgeschlossen; die verfügbaren Plätze reichten allenfalls für eine fakultative Tätigkeit;
- von einer fachlichen und zeitlichen Strukturierung der Praxisphase nach Pflichtfächern oder besonderen Ausbildungsabschnitten müsse abgesehen werden.

Realisierbar sei im Endergebnis nur eine einjährige Tätigkeit im Krankenhaus in ein oder zwei klinisch praktischen Fachgebieten oder bei einem niedergelassenen Arzt[81].

Der Wissenschaftsrat hat in seiner Empfehlung von 1982[82] darauf hingewiesen, daß eine befriedigende Lösung insbesondere der Finanzfrage Voraussetzung für die Einführung der gespaltenen Approbation sei. Dabei hat er besonders betont, daß die Schwierigkeiten in erster Linie nicht durch organisatorische Maßnahmen als vielmehr durch die stark gestiegenen Absolventenzahlen hervorgerufen werden. In den Gesetzesberatungen haben sich aber keine Anhaltspunkte dafür ergeben, daß die Finanzierung der AIP-Zeit gesichert ist.

bb) Nichtrealisierbarkeit

Im einzelnen ließ sich bereits im Gesetzgebungsverfahren erkennen, daß eine für alle Arztanwärter ausreichende Zahl von AIP-Stellen nicht bereitgestellt werden kann, und zwar weder im Krankenhausbereich noch bei den niedergelassenen Ärzten noch im öffentlichen Gesundheitsdienst.

Bei anhaltendem Andrang zum Medizinstudium ist auch weiterhin jährlich mit 12 000 - 13 000 Absolventen der ärztlichen Prüfung zu rechnen[83]. Aus verfassungs- und bildungspolitischen Gründen kommt eine

---

[81] s.o. Fn. 8, S. 38.
[82] s.o. Fn. 1, S. 165.
[83] Ausschußprotokoll 29/33 (o. Fn. 3), S. 55.

B. Die Verfassungsmäßigkeit der Arzt-im-Praktikum-Regelung

Senkung der Studienanfängerzahlen nicht in Betracht. Es gehört zu den Rahmenbedingungen der Einführung des AIP-Jahres:

- daß die hohe Zahl von Absolventen der ärztlichen Prüfung in das AIP-Jahr drängen,
- daß eine ausreichende Zahl von Plätzen für die Ärzte im Praktikum bereitgestellt werden muß, d.h. daß kein Numerus Clausus und/oder keine unzumutbaren Wartezeiten nach der Hochschulausbildung eintreten dürfen[84].

Diese Rahmenbedingungen sind einstweilen nicht erfüllt, weshalb der zuständige Bundesratsausschuß[85] vorgesehen hatte, die AIP-Zeit solle bis zum 31. 12. 1988 nur ein Jahr betragen, denn

- es liege kein schlüssiges Unterbringungskonzept vor,
- die statistischen Daten begründeten Zweifel, daß zeitgerecht eine ausreichende Zahl von Praktikumsplätzen verfügbar sei,
- nur ein geringer Teil der jährlich frei werdenden 5000 Stellen im Krankenhaus seien zur Stellenumwandlung geeignet; andere würden für Leitungspositionen, Spezialbereiche, Verantwortungsstellen benötigt,
- für die freie Praxis lägen keine Zahlen vor.

Im Gesetzgebungsverfahren ist also deutlich erkannt worden, daß Nachfrage und Angebot an AIP-Stellen nicht zur Deckung gebracht werden können.

Die Nachfrage bemißt sich auf ca. 12 000 Bewerber pro anno. Ein gewisser Schwund ist als Minderbedarf anzusetzen; Quereinsteiger (Anrechnung von Naturwissenschafts-Studium, Studium im Austausch) kommen als Mehrbedarf hinzu. Möglicherweise stehen nicht zur AIP-Zeit an

- weibliche Absolventen des Hochschulstudiums, die aus familiären Gründen die Ausbildung abbrechen,
- solche deutschen Hochschulabsolventen, die die Pflichtassistentenzeit im Ausland, vor allem in EG-Ländern hinter sich bringen.

---

[84] *Hardegg* (o. Fn. 8), S. 5.
[85] BRDrs. 264/1/84.

I. Verstoß gegen das Berufsgrundrecht

Rechnet man der Übersichtlichkeit halber jährlich mit 12 000 Absolventen, so wird in den kommenden Jahren die folgende Zahl von AIP-Stellen benötigt:

	AIP-Beginn zum		
	WS	SS	
1987	6 000	–	
1988		6 000	1. Jahr: 12 000
1988	6 000		
1989		6 000	2. Jahr: 18 000
1989	6 000		
1990		6 000	3. Jahr: 18 000
1990	6 000		
1991		6 000	4. Jahr: 18 000
1991	6 000		
1992		6 000*	5. Jahr: 18 000
1992	6 000		
1993		6 000	6. Jahr: 18 000
1993	6 000		
1994		6 000	7. Jahr: 24 000
1994	6 000		
1995		6 000	8. Jahr: 24 000

* 1. Gruppe, die 2 Jahre AIP-Zeit absolvieren muß
(Examen WS 1991 = Frühjahr 1992).

Nach Abschluß der Übergangszeit werden jährlich 24 000 Stellen benötigt.

Diesem Bedarf stehen jährlich ca. 5000 frei werdende Assistenzarztstellen in Krankenhäusern und allenfalls 1000 Stellen bei niedergelassenen Ärzten gegenüber. Im öffentlichen Gesundheitswesen wird allenfalls mit 600-750 Plätzen gerechnet werden können. Selbst wenn man die insbesondere für den Krankenhausbereich sehr optimistische Annahme, es könnten 5000 Assistenzarztstellen umgewandelt werden, zugrunde legt und alle in den drei Sektoren angebotenen Stellen drittelt, wird die Nachfrage von 24 000 Stellen nicht erreicht.

Es kommt hinzu, daß kein Hochschulabsolvent eine Rechtsgarantie auf einen AIP-Platz hat. Auch wenn man annimmt, daß die an der ärztlichen Aus- und Weiterbildung beteiligten Stellen alle Anstrengungen unternehmen, um den Bestand an „Anfangspositionen" nachhaltig auszuweiten, läßt sich nicht ausschließen, daß nicht alle Absolventen AIP-Stellen finden. Die Zahl der Positionen kann nicht über die Kapazität der Krankenhäuser bzw. der sonst in Betracht kommenden Ausbildungsbereiche hinaus erhöht werden. Hierin liegt das entscheidende Risiko für die angehenden Ärzte.

Im einzelnen gilt für die verschiedenen Ausbildungsbereiche folgendes:

In den Krankenhäusern der Bundesrepublik sind ca. 72 000 Ärzte beschäftigt. Davon sind ca. 30 000 Ober- und Chefärzte, 45 000 Assistenzärzte[86]. Seit 1983 hat es keinen Zuwachs an Krankenhausärzten gegeben[87]. Mit einem solchen ist auch in absehbarer Zeit nicht mehr zu rechnen, wenngleich aus dem 1983 abgeschlossenen 50. Bundesangestellten-Tarifvertrag noch 6000 Stellen eingerichtet werden müßten[88]. Diese zusätzlichen Stellen sind für die Reduzierung von Bereitschaftsdiensten, Nachtdiensten etc. vorgesehen, für die gegenwärtig eine hohe Zahl von Überstunden investiert werden. Diese 6000 Stellen könnten bei der Umwandlung in AIP-Stellen Berücksichtigung finden. Allerdings ist mit einer Einrichtung dieser Stellen speziell für AIP-Zwecke nicht zu rechnen, da die AIP-Regelung nach übereinstimmender Auffassung aller Beteiligter kostenneutral durchgeführt werden soll.

Von den genannten 45 000 Assistenzarztstellen werden jährlich ca. 4000-5000 frei, entweder durch Aufstieg der Stelleninhaber in Chef- und Oberarztpositionen oder durch Niederlassung in freier Praxis[89]. Diese können aber nicht nur für die AIP-Ausbildung genutzt werden, sondern müssen auch für die Facharzt-Weiterbildung zur Verfügung stehen.

Schon jetzt besteht ein Mißverhältnis zwischen der Anzahl der stellensuchenden Weiterbildungsassistenten und dem Angebot an Weiterbildungsstellen. 1983 kamen auf ca. 800 Stellen ca. 2600 Bewerbungen. Die Stellen wurden überwiegend an Assistenzärzte vergeben, die schon bis zu zwei Weiterbildungsjahre hinter sich hatten[90]. Die Zahl der Ärzte, die

---

[86] *Deutscher Bundestag*, Stenogr. Protokoll 10/111 (o. Fn. 3), S. 8354; Ausschußprotokoll 29/33 (o. Fn. 3), S. 90; 29/33, S. 20: 40 000 Assistenzarztstellen.

[87] *Blumenwitz* (o. Fn. 1) Gutachten, S. 19.

[88] Ausschußprotokoll 29/33 (o. Fn. 3), S. 22, 40; *Marburger Bund*, Verlautbarung vom 19. 6. 1984.

[89] EntwBegr. BÄO BTDrs. 10/1963, S. 14 (5000 Stellen); Ausschußprotokoll 29/33 (o. Fn. 3), S. 18 (6000 Stellen).

I. Verstoß gegen das Berufsgrundrecht

sich unter ausdrücklichem Verzicht auf ein Gehalt um eine Assistenzarztstelle bemühen, nimmt zu[91]. In Zukunft werden auch Ärzte, die aufgrund – schon jetzt erkennbar werdender – Einsparung von Stellen in Krankenhäusern keine Weiterbildungsmöglichkeit finden, unmittelbar in die Kassenpraxis drängen. Durch den Mangel an weiter qualifizierten Ärzten für Allgemeinmedizin wird die Qualität der ärztlichen Versorgung vermindert[92]. Die Umwandlung von Assistenzarztstellen in AIP-Stellen reißt also im Weiterbildungsbereich ein Loch praktischer Ausbildungsmöglichkeiten auf, das es im Vorapprobationsbereich schließen will. Nach Anlaufen der AIP-Phase wird jährlich nur noch eine begrenzte Zahl von Weiterbildungsstellen zur Verfügung stehen[93].

Es können ferner auch nicht alle 45 000 Assistenzarztstellen für die AIP-Berechnungen herangezogen werden. In der Hardegg-Untersuchung zur Frage der Einbeziehung von Krankenhäusern in die ärztliche Ausbildung während des Studiums[94] wurde bereits festgestellt, daß ein größeres Potential von Krankenhäusern für die Übernahme von Ausbildungsaufgaben nicht zur Verfügung steht.

Letztlich dürfte auch die Bettenzahl für eine zweijährige AIP-Zeit nicht ausreichen[95]. Wenn man alle Betten in Akut- und Sonderkrankenhäusern zusammennimmt und von einer globalen Relation von 55 Betten je AIP ausgeht, sind für eine einjährige Laufzeit ausreichende Einsatzmöglichkeiten gegeben, die den intendierten Erwerb praktischer ärztlicher Erfahrungen gewährleisten. Die Betten reichen aber nicht für eine zweijährige Ausbildungszeit. Von einer Absenkung der Bettenzahl je AIP sollte nach sachkundiger Ansicht abgesehen werden. Zwar ist die Relation im „praktischen Jahr" 1:20, jedoch gelten für diese Ausbildungsphase besondere quantitative und qualitative Standards, und der Tätigkeitsbereich der Praktikanten ist eingeschränkt.

---

[90] *Zentralstelle für Arbeitsvermittlung der Bundesanstalt für Arbeit*, Informationsblatt 3/1983.
[91] BTDrs. 10/3374, S. 50.
[92] *Blumenwitz* (o. Fn. 1), S. 19; *Fachbereich Medizin der Universität Hamburg*, Stellungnahme vom 8. 2. 1984.
[93] *Bundesärztekammer*, Schreiben vom 24. 6. 1985; vgl. auch die Untersuchung über die AIP-Angebot-Bedarfs-Bilanz in Hamburg in: Fachverband deutscher Allgemeinärzte, Der Allgemeinarzt 4/1985, S. 298.
[94] *U. Göbel / W. Hardegg*, Untersuchung über die Beteiligung außeruniversitärer Krankenhäuser an der klinischen Grundausstattung, Schriftenreihe des Bundesministers für Bildung und Wissenschaft, Bonn 1979, S. 43, 45.
[95] *Hardegg* (o. Fn. 8), S. 18.

38   B. Die Verfassungsmäßigkeit der Arzt-im-Praktikum-Regelung

Es bestehen begründete Bedenken dahingehend, ob insbesondere die Krankenhäuser in kommunaler, privater und freigemeinnütziger Trägerschaft bereit und in der Lage sein werden, eine ausreichende Zahl von AIP-Stellen zur Verfügung zu stellen. Es ist die freie Entscheidung der Träger, ob und in welchem Ausmaß sie Stellen umwidmen oder neu zur Verfügung stellen werden. Es ist geltendes Recht, daß hochschulfremde Krankenhäuser in Ansehung ihrer konkreten Zwecksetzung nicht verpflichtet sind, für die Ausbildung von Medizinern Kapazitäten zur Verfügung zu stellen und damit eine partielle Umwidmung vorzunehmen[96]. Die Krankenhausträger sind berechtigt, die Zahl der in ihren Kliniken auszubildenden AIP nach Maßgabe der medizinischen Versorgung der Kranken beliebig zu beschränken und evtl. auch darauf zu bestehen, daß nur bestimmte Hochschulabsolventen oder Angehörige der jeweiligen Regionen aufgenommen werden. Ebensowenig wie im Bereich der Studentenausbildung sind sie an Kapazitätsrichtlinien etc. gebunden; letztlich gilt nur die Vereinbarung mit dem Land und den Ärzten im Praktikum. Nun mag es sein, daß die Einstellung von Ärzten im Praktikum für die Kliniken reizvoll ist, da sie geringer dotiert werden als Assistenzärzte und doch wichtige Aufgaben der Krankenversorgung übernehmen können[97].

Auch verschafft § 11 des Krankenhausfinanzierungsgesetzes i.d.F. des Gesetzes zur Neuordnung der Krankenhausfinanzierung vom 20. 12. 1984 (BGBl. I, 1716) den Ländern die Möglichkeit, die Finanzierung von kommunalen, privaten und freigemeinnützigen Krankenhäusern von der Einrichtung von AIP-Plätzen abhängig zu machen. Dennoch läßt sich die Zahl der Plätze, die zur Verfügung stehen werden, nicht mit der Sicherheit prognostizieren, die für die generelle Anordnung einer AIP-Zeit erforderlich ist.

Es ist auch die Frage, ob bei hier eventuell auftretenden Engpässen die staatlichen Krankenhäuser, insbesondere die Hochschulkliniken, Abhilfe schaffen können. Zunächst sind sie ohnehin überlastet. Zwar verfügen sie wegen der besonderen Personalstruktur über die Voraussetzungen für eine hohe Personalfluktuation. Sie sind durch den hohen Anteil von zeitlich befristeten Stellen des wissenschaftlichen Nachwuchses ohnehin besonders betroffen[98].

---

[96] *Andreas Reich*, Die Beschränkung des Zuganges zum Medizinstudium durch kommunale Krankenhausträger, DVBl. 1980, S. 900.

[97] Ausschußprotokoll 29/33 (o. Fn. 3), S. 72.

I. Verstoß gegen das Berufsgrundrecht

Allein auch hier muß die von der Bundesregierung erwartete Personalfluktuation in zweierlei Hinsicht begrenzt werden:

- zum einen muß die AIP-Ausbildung die Hauptaufgabe der Hochschule einschränken – weiter, als es durch die hohen Studentenzahlen ohnehin schon der Fall ist –, den wissenschaftlichen Nachwuchs heranzubilden,
- zum anderen würde die heterogene und instabile Personalstruktur in Hochschulkliniken noch weitergehender aufgesplittet, so daß die ohnehin hohe Patientenbelastung nochmals verstärkt würde.

Auch im Bereich der niedergelassenen Ärzte ist die Zurverfügungstellung einer ausreichenden Zahl von AIP-Plätzen nicht nur ungesichert, sondern unwahrscheinlich. Wenn von einer halbjährigen Ausbildungszeit beim niedergelassenen Arzt ausgegangen wird, sind 6000 Plätze erforderlich.

Es gibt 64 000 niedergelassene Ärzte; davon rund 60 000 Kassenärzte. Sie müßten bei Drittelung der Stellen 2000 Assistentenstellen zur Verfügung stellen. Gegenwärtig sind aber nur ca. 750 Assistenzarztstellen bei niedergelassenen Ärzten gemeldet[99]. Von diesen Assistenzarztstellen wird man realistischerweise zunächst ausgehen müssen, wenngleich zuzugeben ist, daß Assistenzarztstellen bei niedergelassenen Ärzten nicht identisch sind mit AIP-Stellen.

Die BÄK finanziert z. Zt. ca. 1000 Assistentenstellen[100]. Es sind also nicht alle Assistentenstellen besetzt. Der vergleichsweise hohe Anteil gemeldeter Assistenten in Baden-Württemberg ist mitverursacht durch besondere Förderungsprogramme, die den niedergelassenen Ärzten die Finanzierung dieser Stellen erleichtern oder ganz abnehmen. Dieses Konzept kann kaum auf die ganze Bundesrepublik übertragen werden, da die AIP-Regelung kostenneutral sein soll.

Die Bereitwilligkeit der Ärzte, Assistentenstellen zur Verfügung zu stellen, wird mit folgenden Hindernissen zu rechnen haben:
- auf Dauer müßte ein AIP aufgenommen werden,
- der AIP könnte den Arzt nur begrenzt entlasten,
- der Arzt könnte künftige Konkurrenz befürchten,

---

[98] BRDrs. 264/1/84.
[99] *Hardegg* (o. Fn. 94), S. 31.
[100] Ausschußprotokoll 29/33 (o. Fn. 3), S. 70.

B. Die Verfassungsmäßigkeit der Arzt-im-Praktikum-Regelung

- die Kostenfrage ist zu bedenken,
- die zusätzliche Belastung der Ärzte durch Famulaturen und die ärztliche Weiterbildung ist in Rechnung zu stellen,
- aufgrund ihres Status können dem AIP Urlaubs- und Krankheitsvertretungen sowie der ärztliche Notdienst nicht übertragen werden.

Eine Umfrage hat denn auch ergeben, daß von 935 niedergelassenen Ärzten im Bezirk der Ärztekammer des Saarlandes nur 45 bereit waren, einen AIP aufzunehmen; mit Einschränkungen waren es hingegen 108[101].

Bei der relativ geringen Zahl ausbildender niedergelassener Ärzte fällt es besonders ins Gewicht, daß AIP-Stellen mit Weiterbildungsstellen konkurrieren müßten, diese gar verdrängen könnten. Es gibt ungefähr 1400 weiterbildende Ärzte[102]. Der Fachverband hat in einem Schreiben vom 10. 8. 1984 an seine Mitglieder ausgeführt, er werde alles daran setzen, daß keine einzige Weiterbildungsstelle, die für angehende Allgemeinärzte vorgesehen sei, für Ärzte im Praktikum zur Verfügung gestellt werde.

Hinzu kommt, daß die bei den niedergelassenen Ärzten zur Verfügung stehenden Weiterbildungsstellen in Zukunft vermehrt von angehenden Fachärzten in Anspruch genommen werden. Das sind die approbierten Ärzte, die sich weiterbilden wollen, an Krankenhäusern aber keine Weiterbildungsstellen finden. Das werden voraussehbar 4000 - 6000 Bewerber sein, je nachdem wie viele Bewerber in Krankenhäusern Weiterbildungsplätze finden.

Es ist rechtlich nicht möglich, in die BÄO eine Ausbildungsverpflichtung aufzunehmen. Zwar ist der Rechtsanwalt verpflichtet, Referendare aufzunehmen und das gleiche gilt für private Schulträger im Hinblick auf die Ausbildung von Lehramtskandidaten. Jedoch wird für beide Ausbildungsgruppen ein staatlicher Zuschuß gegeben. Diese Lösung ließe sich vielleicht auf den AIP übertragen, wenn der Staat den Zuschuß tragen würde. Daran ist aber angesichts der postulierten Kostenneutralität der Regelung nicht zu denken. Eine Alternativlösung könnte in der Gründung von Ausbildungsgemeinschaftspraxen gefunden werden (wie es sie z.B. in den Niederlanden gibt)[103], mit staatlicher Unterstützung

---

[101] Klinikarzt, 1985, S. 265.
[102] Der Allgemeinarzt 11/1984, S. 1079 f. u. S. 1029 bzw. 12/1984, S. 1199.
[103] Ausschußprotokoll 29/33 (o. Fn. 3), S. 77.

I. Verstoß gegen das Berufsgrundrecht 41

und einer klaren Ausstattung für diesen Zweck. Ein solches Vorhaben ist aber nicht in Sicht und jedenfalls für die schon 1987 anlaufende AIP-Regelung nicht verwertbar. Ein obligatorischer Einsatz aller Ärzte im Praktikum in Praxen niedergelassener Ärzte ist also derzeit nicht möglich[104].

Das gleiche gilt für die Ausbildung im öffentlichen Gesundheitswesen. Hier stehen bestenfalls 600 - 750 Plätze zur Verfügung, auf denen je nach geplanter Tätigkeitsdauer (3 bis 5 Monate) maximal 15% - 25% der AIP-ler im Praktikum untergebracht werden können[105]. Die Stellen im öffentlichen Gesundheitsdienst sind insgesamt äußerst begrenzt:

Im Sanitätsdienst der Bundeswehr gibt es 3191 Stellen[106]. Die erst in den kommenden Jahren entstehenden 135 Sanitätszentren[107], die hinsichtlich ihrer Struktur einer Gemeinschaftspraxis von zwei Allgemeinmedizinern und teilweise auch einer unterschiedlichen Zahl von Ärzten mit Gebietsbezeichnung entsprechen, werden bei den dort jeweils bis zu 50 vorhandenen Betten nur ausnahmsweise mehr als 1 Arzt im Praktikum – also 150 AIP – aufnehmen können[108]. Im öffentlichen Gesundheitsdienst gibt es 2637 Arztstellen. In den 430 Gesundheitsämtern und obersten Gesundheitsbehörden werden nur wenige AIP-Stellen einzurichten sein. Das gilt auch für den mit ca. 3200 Stellen in Anschlag zu bringenden Renten- und vertrauensärztlichen Dienst. Wieviele Stellen im betriebsärztlichen Bereich zur Verfügung stehen und wieviele AIP-Stellen allenfalls eingerichtet werden könnten, ist gegenwärtig nicht ermittelt. Die Bundesvereinigung Deutscher Arbeitgeberverbände (BDA) will zwar darauf hinwirken, daß auch von den Mitgliedsverbänden Stellen im betriebsärztlichen Dienst geschaffen werden[109], doch fehlt es auch insoweit an rechtlich verbindlicher Handhabe.

Für den gesamten öffentlichen Gesundheitsdienst i.w.S. ergibt sich außerdem das grundlegende Bedenken, daß bei einer dort abgeleisteten AIP-Zeit keine adäquate Vorbereitung auf die spätere Niederlassung möglich ist. Das Krankengut ist viel zu speziell; die Diagnostik ist nur ansatzweise zu erlernen, Formen der Therapie gar nicht.

---
[104] *Hardegg* (o. Fn. 94), S. 31.
[105] Ebd., S. 31.
[106] BTDrs. 10/3374, S. 51f.
[107] EntwBegr. BÄO, BTDrs. 10/1963, S. 8.
[108] *ÖTV*, Information für Ärzte und Absolventen, Stuttgart, Oktober 1984.
[109] 88. Deutscher Ärztetag, Deutsches Ärzteblatt 1985, S. 1668.

cc) Nichtfinanzierbarkeit

Der Gesetzgeber ließ sich von der Vorstellung leiten, die Einführung der AIP-Zeit habe kostenneutral zu erfolgen[110].

Zunächst ist der Finanzbedarf zu ermitteln. Da der Arzt im Praktikum nur unter der Aufsicht erfahrener Ärzte ärztlich tätig wird, kommt sein Beitrag zur Versorgung der Patienten nicht dem eines approbierten Arztes gleich. Als Vergütung soll deshalb nur ein Teil der Vergütung eines Assistenzarztes nach BAT II a in Betracht kommen[111]. Ein solches Gehalt entspricht nicht dem Unterhaltszuschuß, den Referendare erhalten (75% eines A 13-Gehaltes), aber etwa dem, was der frühere Medizinalassistent erhielt. Sollte die BAT II a Stelle gedrittelt werden, entspräche die Vergütung etwa dem Einkommen eines Studenten und läge knapp über dem BAföG und Sozialhilfesatz.

In jedem Fall sind Lohnnebenkosten, Raumkosten, Sachmittelkosten u. a. zu berücksichtigen[112]. Insgesamt ist mit Ausbildungskosten von 280 Mio. bzw. 400 Mio DM zu rechnen. Das Land Schleswig-Holstein hat seine Mehrkosten mit 40 Mio DM jährlich[113], das Land Hamburg auf jährlich 30 Mio DM berechnet[114].

Die kostenneutrale Finanzierung ist ganz ungesichert. Die Krankenversicherung ist nach ihrem gesetzlichen Auftrag verpflichtet, Leistungen der Ärzte und der Krankenhäuser zu bezahlen. Es ist nicht ihre Aufgabe, die Arztausbildung zu finanzieren[115]. Die Bundesregierung hat sich auch nicht bereit erklärt, die Finanzierung zu übernehmen oder jedenfalls Zuschüsse zu leisten. Es heißt nur: „Sollten infolge der Durchführung der Praxisphase den gesetzlichen Krankenkassen zusätzliche Kosten entstehen, so wird sich die Bundesregierung dafür einsetzen, daß diese innerhalb der Ausgaben der gesetzlichen Krankenversicherung ausgeglichen werden[116]."

Im einzelnen ist unklar, wie die Krankenhäuser die Kosten für die Ausbildung der Ärzte im Praktikum auffangen sollen. Zunächst ist noch

---
[110] EntwBegr. BÄO BTDrs. 10/1963, S. 11.
[111] EntwAppO, S. 20.
[112] *Deutscher Bundestag*, Stenogr. Protokoll 10/111 (o. Fn. 3), S. 8354, 8356.
[113] Deutsches Ärzteblatt, Heft 45/84 vom 9.
[114] Der Praktische Arzt, Heft 31/84 vom 1. 11. 1984.
[115] § 368 e RVO; Ausschußprotokoll 29/33 (o. Fn. 3), S. 65.
[116] Begründung des RegEntw 10/1963, Teil B, S. 9.

I. Verstoß gegen das Berufsgrundrecht

ungeklärt, wie hoch die Kosten sein werden, da Verhandlungen der Tarifpartner – der Krankenhausträger und des Marburger Bundes – noch zu keiner Einigung geführt haben. Die Gewerkschaft Öffentliche Dienste, Transport und Verkehr[117] geht davon aus, daß die künftigen AIP wie die bisherigen Assistenzärzte tätig werden und damit unter die Regelungen des BAT einschließlich der Vergütungen fallen: Der AIP ist danach Arzt und als solcher zu vergüten. Die Arbeitgeber widersprechen diesem Standpunkt unter Hinweis auf § 3 BAT, Ausnahme vom Geltungsbereich, Buchstabe f: Personen, die für einen fest begrenzten Zeitraum ausschließlich oder überwiegend zum Zwecke ihrer Vor- und Ausbildung beschäftigt werden, insbesondere Auszubildende, Volontäre und Praktikanten. Hier werden die weiteren Verhandlungen Klarheit bringen.

In welcher Höhe immer die AIP-Vergütungen in Krankenhäusern festgesetzt werden: Sie sollen kostenneutral aufgefangen werden: „Der Bundesrat bittet die Bundesregierung dringend, im weiteren Gesetzgebungsverfahren bei der Tarifgemeinschaft deutscher Länder und den Verbänden der kommunalen Arbeitgeber Regelungen für den AIP anzuregen, damit eine Vergütung festgesetzt wird, die sowohl die Krankenhausträger und Krankenkassen von zusätzlichen Kosten freihält und damit die angestrebte Kostenneutralität gewährleistet wie den AIP einen ausreichenden Lebensunterhalt sichert"[118], die Deutsche Krankenhausgesellschaft hat verlauten lassen[119], die strikte Kostenneutralität gefährde den Einsatz von AIP insbesondere in kleineren Krankenhäusern. Alle Krankenhäuser werden Ärzte im Praktikum nur ausbilden können, wenn die Kosten in den Pflegesatz eingehen. Nach § 17 III Nr. 1, 2 des Krankenhausfinanzierungsgesetzes vom 29. Juni 1972 (BGBl. I, 1009) i.d.F. des Krankenhausneuordnungsgesetzes vom 20. 12. 1984 (BGBl. I, 1716) sind im Pflegesatz nicht zu berücksichtigen:

– Kosten für Leistungen, die nicht der stationären oder teilstationären Krankenhausversorgung dienen,

– Kosten für wissenschaftliche Forschung und Lehre, die über den normalen Krankenhausbetrieb hinausgehen.

---

[117] *ÖTV*, Information für Absolventen des Medizinstudiums und Ärzte vom Juni 1985.
[118] BR, Ausschuß für Jugend, Familie und Gesundheit, 264/1/1984.
[119] DKG, Schreiben vom 21. 6. 1985.

44　B. Die Verfassungsmäßigkeit der Arzt-im-Praktikum-Regelung

Könnte hiernach zweifelhaft sein, ob die AIP-Kosten auf die Pflegesätze abgewälzt werden können, so will § 15 IV des Entwurfes der Bundesregierung zur Regelung der Krankenhauspflegesätze (Bundespflegesatzverordnung) – ergehend auf der Grundlage der Ermächtigung des § 16 des Krankenhausfinanzierungsgesetzes – vorsehen, daß die Kosten der Beschäftigung von AIP zu den Selbstkosten zählen, soweit nicht besetzte Stellen nachgeordneter Ärzte in der Weise mit AIP besetzt werden, daß dem Krankenhaus im Jahresdurchschnitt keine höheren Kosten als bei einer Besetzung mit nachgeordneten Ärzten entstehen. Es bestehen Zweifel, ob diese Regelung mit § 17 Krankenhausfinanzierungsgesetz vereinbar ist. Im Endergebnis bedeutet sie nämlich, daß entgegen § 17 doch Ausbildungskosten in die Pflegesätze eingehen und den Krankenversicherungsträgern zur Last fallen, zu deren Aufgaben die Förderung der Medizinerausbildung ausdrücklich nicht gehört. Darüber hinaus werden gerade kleine Krankenhäuser selbst dann keine oder nur wenige AIP-Stellen zur Verfügung stellen, wenn die Pflegesatzregelung mit dem Gesetz übereinstimmen sollte. Denn im Stellenplan wird vielfach für die Zwecke der Krankenversorgung ein Assistenzarzt eine größere Bedeutung haben als zwei oder drei Ärzte im Praktikum.

Die gleichen Bedenken gelten für das Finanzierungsinstrument des § 11 Krankenhausfinanzierungsgesetz. Danach können die Länder – die nach § 9 auf Antrag des Krankenhausträgers Investitionskosten fördern –, auch regeln, „daß Krankenhäuser bei der Ausbildung von Ärzten und sonstigen Fachkräften des Gesundheitswesens besondere Aufgaben zu übernehmen haben; soweit hierdurch zusätzliche Sach- und Personalkosten entstehen, ist ihre Finanzierung zu gewährleisten". Die Länder haben also die Möglichkeit, die Hergabe von Investitionsmitteln vermittels einer Auflage[120] davon abhängig zu machen, daß die Krankenhäuser entsprechende Ausbildungsplätze zur Verfügung stellen. Es bleibt abzuwarten, ob die Länder von dieser Möglichkeit großzügig Gebrauch machen. Der allseits geäußerte Wille, die AIP-Regelung kostenneutral durchzuführen, läßt hier Maßnahmen, die das Finanzierungsproblem der Krankenhäuser wirklich lösen, kaum erwarten.

Frei praktizierende Ärzte werden nur dann bereit sein, Ärzte im Praktikum auszubilden, wenn deren Arbeitsleistung die zusätzlichen Mittel

---

[120] *Mayer / Kopp*, Allgemeines Verwaltungsrecht, 5. Aufl., Stuttgart 1985, § 13 II 5, III.

I. Verstoß gegen das Berufsgrundrecht

erwirtschaftet. Davon kann aber angesichts des Ausbildungsstatus der AIP nicht die Rede sein. Im übrigen könnte man nur dann mit einem spürbaren Stellenangebot rechnen, wenn AIP-Stellen in Praxen staatlich gefördert werden, wie das bei dem besonderen Förderungsprogramm für baden-württembergische Ärztepraktikanten der Fall gewesen ist[121]. Ein solches Förderungsprogramm ist aber nach der Kostenneutralitätsmaxime gerade nicht zu erwarten, und selbst wenn es eingeführt würde und in vollem Umfange griffe, wäre es unrealistisch anzunehmen, man werde die notwendige Zahl von 6000 AIP-Stellen in diesem Bereich finden[122].

Im Bereich des öffentlichen Gesundheitswesens i. e. S. kann der Staat z.T. unmittelbar finanzieren – etwa in den Sanitätszentren der Bundeswehr –; anders sieht es im betriebsärztlichen Bereich aus, in dem die Arbeitgeber ohne staatliche Förderung kaum tätig zu werden geneigt sein werden. Jedenfalls ist festzustellen, daß dieser ganze potentielle Ausbildungssektor noch so wenig erschlossen ist, daß durchgreifende Erleichterungen für die Durchführung der AIP-Regelung auf mittlere Sicht nicht zu erwarten sind.

Nur ergänzend sei hinzugefügt, daß eine Finanzierung der AIP-Ausbildung durch Erhebung einer „AIP-Abgabe" bei den Krankenhausträgern und niedergelassenen Ärzten nicht in Betracht kommt. Für die Erhebung einer solchen Sonderabgabe – vergleichbar der Berufsbildungsabgabe nach dem Ausbildungsplatzförderungsgesetz vom 7. September 1976 (BGBl. I, 2658) – hat das Bundesverfassungsgericht vier Voraussetzungen aufgestellt, die im Falle einer AIP-Abgabe nicht erfüllt wären[123]:

Zunächst muß die Ausbildung eine gesellschaftliche Aufgabe sein. Schon daran fehlt es bei der Medizinerausbildung. Sie ist traditionellerweise eine staatliche Aufgabe, anders als die Berufsbildung. Sie wird auch zum überwiegenden Teil in staatlichen Einrichtungen, den Hochschulkliniken, erfüllt. Sodann muß es sich bei den Belasteten um eine homogene Gruppe handeln. Sie müssen durch eine gemeinsame, in der Rechtsordnung oder in der gesellschaftlichen Wirklichkeit vorgege-

---

[121] *Hardegg* (o. Fn. 94), S. 35.
[122] Ebd., S. 36.
[123] BVerfGE 55, 274; E 67, 256; vgl. auch *Fredebeul*, Berufsbildungsgesetzgebung, RdJB 1982, 410; *Friauf*, Verfassungsrechtliche Probleme einer Reform des Systems zur Finanzierung der beruflichen Bildung, Bielefeld 1974, S. 27ff., 45ff.; *Isensee*, Umverteilung durch Sozialversicherungsbeiträge, 1973, S.18; *Mußgnug*, Festschrift Forsthoff, 1972, S. 259 (288ff.).

bene Interessenlage oder durch besondere gemeinsame Gegebenheiten von der Allgemeinheit und anderen Gruppen abgegrenzt sein. Auch davon kann bei so unterschiedlichen Trägern wie privaten und freigemeinnützigen Krankenhausträgern – die pluralistisch eine gesellschaftliche Aufgabe erfüllen – und niedergelassenen Ärzten – die privatwirtschaftlich als Träger eines freien Berufes tätig sind – nicht die Rede sein, abgesehen von den staatlichen Einrichtungen, die nicht mit einer „Abgabe" belastet werden können. Ferner muß eine spezifische Beziehung zwischen dem Kreis der Abgabepflichtigen und dem mit der Abgabe verfolgten Zweck bestehen. Die Gruppe muß dem verfolgten Zweck evident näher stehen als andere gesellschaftliche Gruppen. Eine solche „Gruppennützigkeit" ließe sich allenfalls mit Blick auf den Umstand bejahen, daß Krankenhäuser wie niedergelassene Ärzte von den Ausbildungserfolgen, die die AIP-Zeit erbringen soll, profitieren sollen. Begünstigt sind aber auch Forschungsinstitute, pharmazeutische Laboratorien etc., die Ärzte abnehmen, aber nicht ausbilden und auch nicht zur Sonderabgabe herangezogen werden könnten. Letztlich muß das Abgabenaufkommen „gruppennützig" verwandt werden. Zwischen den Belastungen und Begünstigungen muß eine sachgerechte Verknüpfung bestehen[124].

Voraussetzung einer Sonderabgabenregelung wäre – zusammengefaßt –, daß die Aufgabe, die mit Hilfe des Abgabenaufkommens erfüllt werden soll, ganz überwiegend in die Sachverantwortung der belasteten gesellschaftlichen Gruppe, nicht in die staatliche Gesamtverantwortung fällt. Das ist bei der Ärzteausbildung aber nicht der Fall. Sie fällt ganz überwiegend in die staatliche Verantwortung, wird vom Staat geregelt, vorwiegend in staatlichen Ausbildungseinrichtungen vollzogen. Öffentliche und private Träger sind nur z.T. – vorwiegend wegen des großen Bewerberandranges – in die Ausbildung einbezogen, nicht genug, um sie als eine besonders begünstigte und zu belastende gesellschaftliche Gruppe zu kennzeichnen.

d) Unverhältnismäßigkeit als Zweckuntauglichkeit

Die Einführung einer 18- bis 24monatigen AIP-Zeit ist nicht nur deshalb zur Erreichung des gesetzgeberischen Zieles verbesserter prakti-

---

[124] BVerfGE 18, 315 (327).

scher Berufsvorbereitung der Ärzte ungeeignet, weil sie nicht realisierbar und finanzierbar ist; sie ist auch im übrigen zweckuntauglich: Der Zweck besserer Praxisvorbereitung wird durch Defizite in anderen Ausbildungsphasen erkauft werden, es gibt keine Ausbildungsrichtlinien, der Status der Ärzte im Praktikum ist ungeeignet und die Verknüpfung mit der ärztlichen Weiterbildung ist ungewiß.

aa) Keine Verbesserung der praktischen Erfahrungen

Der schlichten Gleichsetzung: „Verlängerung der Medizinerausbildung nutzt der Volksgesundheit" wird man kritisch gegenüberstehen müssen. Auch ist die lapidare Erkenntnis gegenüberzustellen: „Der Mensch lernt nicht aus". Empirische Untersuchungen haben schon frühzeitig ergeben, daß eine Verlängerung der Ausbildung als Verschlechterung gewertet wurde[125]. Außerdem liegen die realen Studienzeiten heute schon deutlich über der Mindeststudiendauer, so daß die faktische Ausbildungszeit noch länger zu veranschlagen ist.

Die AIP-Zeit soll aber nicht primär der Verlängerung der Medizinerausbildung dienen, sondern der Verbesserung der Praxis. Das Verhältnis von Theorie und Praxis liegt der Entwicklung der Ausbildungsreformen von Anfang an zugrunde. Die Bestallungsordnungen von 1939 und 1953 waren von einer Zweiphasenausbildung – Theorie in der Hochschule und zweijährige Praxis als Pflicht- bzw. Medizinalassistent – ausgegangen. In völliger Übereinstimmung zwischen Bundesregierung, Ärzteschaft und Fakultäten wurden 1971 die Medizinalassistentenzeit abgeschafft. Sie wurde damals ausdrücklich verantwortlich gemacht für das gefährliche Auseinanderdriften von Theorie und Praxis. Die Unwirksamkeit der zweijährigen Praxisphase (Medizinalassistent) am Ende der Ausbildung war 1970 Anlaß für die Wiedereinführung des praktischen Jahres in einer Art Integration von Theorie und Praxis, obwohl dieses praktische Jahr in früheren Phasen der Medizinerausbildungsentwicklung schon wiederholt eingeführt und abgeschafft worden war[126].

---

[125] *H. Renschler*, Arztausbildung: Die Reform ist tot, es lebe die Reform! Seit über 100 Jahren werden „Praxisphasen" und „praktische Jahre" abwechselnd getestet – mit negativem Erfolg in: Ärztliche Praxis, XXXVI Jahrgang, Nr. 3, 1984, S. 4. So insbesondere die Untersuchung für die USA 1912 - 1925.

[126] *Renschler* (o. Fn. 125), S. 3.

48   B. Die Verfassungsmäßigkeit der Arzt-im-Praktikum-Regelung

Jetzt hat das Gesetz praktisches Jahr und zweijährige Praxis eingeführt, als ob durch Kumulation von Theorie-Praxis-Dichothomie und -Integration das Problem gelöst werden könnte. Die Defizite der ärztlichen Ausbildung resultieren im wesentlichen nicht aus einem fehlerhaften Konzept der geltenden Approbationsordnung oder aus zu kurzer oder zu praxisferner Ausbildung, sondern sind Folgen der allzu großen Zahl von Medizinstudenten und einer zu geringen Zahl von Patienten. Mängel, die aus der Zulassung zum Studium resultieren und aus grundsätzlichen verfassungsrechtlichen und bildungspolitischen Erwägungen nicht abänderbar sind, sollen durch unrealistische und ungeeignete Manipulationen an der im wesentlichen nicht zu beanstandenden Ausbildungsordnung aus der Welt geschafft werden[127]. Die Studentenzahl ist zu hoch. Der Unterricht für 400-600 Studenten im Hörsaal ist unwirksam[128]. Die Belastung der Patienten ist zu groß. Die weithin zu beobachtende Zurückhaltung der Patienten ist nicht zuletzt eine direkte Auswirkung der als unerträglich empfundenen Massensituation an den Universitätskliniken. Wenn die Hochschulausbildung einschließlich des praktischen Jahres in geordneter Form durchgeführt werden könnte, bedürfte es der zusätzlichen Praxisjahre nicht. Alle Anzeichen sprechen dafür, daß mit der Einführung des AIP die Bemühungen um eine Verbesserung und Angleichung der Ausbildung an die internationalen Standards sowohl im theoretischen wie auch im praktischen Teil des Medizinstudiums wieder hinausgeschoben werden. Die Praxisphase kann keineswegs die universitären Mängel ausgleichen. Deshalb hat der zuständige Bundesratsausschuß dem Plenum vorgeschlagen zu beschließen, daß die Einführung des AIP nicht ausreichend sei[129], daß die neue Regelung vielmehr mit der inhaltlichen Überprüfung der Hochschulausbildung zu verbinden sei.

Die AIP-Zeit darf kein „kollektives Nachsitzen" für das Verfehlen des Klassenzieles des Hochschulstudiums sein[130]. Es kann keinem Zweifel unterliegen, daß die Hochschulausbildung, gerade in ihrem letzten Jahr, unter der Einführung des AIP leiden wird. Da die Hochschulkliniken und alle Lehrkrankenhäuser einbezogen werden müssen, sind negative Rückwirkungen auf das praktische Jahr unvermeidlich. Was man an

---

[127] *Berufsverband der praktischen Ärzte für Allgemeinmedizin,* Schreiben an den Deutschen Bundestag vom 22.10.1984.
[128] *Renschler* (o. Fn. 125), S. 3.
[129] BR 264/1/84, Nr. 3.
[130] Ausschußprotokoll 29/33 (o. Fn. 3), S. 9.

I. Verstoß gegen das Berufsgrundrecht

AIP-Zeit gewinnt, verliert man an praktischer Erfahrung und Ausbildungskapazität an den Hochschulen und Lehrkrankenhäusern, in der Lehre, der Famulatur, im praktischen Jahr. Die WRK befürchtet zu Recht, daß die Universitätsausbildung noch schlechter wird und die Forschungsmöglichkeiten noch einmal eingeschränkt werden[131]. Denn die Umwandlung von Assistenzarztstellen in AIP-Stellen führt dazu, daß der Anteil der in Forschung und Lehre erfahrenen Assistenten an Hochschulkliniken und akademischen Lehrkrankenhäusern abnimmt[132].

Eine Entwertung des praktischen Jahres ist nicht zuletzt deshalb zu befürchten, weil die Krankenhäuser die Konkurrenzsituation zwischen Studenten und Ärzten im Praktikum zuungunsten der Ausbildung der Ersteren entscheiden werden und damit § 3 IV AppO nicht mehr entsprochen wird[133]. Bedenklich ist auch, daß nach der Einführung des AIP die praktische Ausbildung außerhalb der Verantwortung der Fakultäten liegen wird[134]. Damit werden sie keinen Einfluß auf die berufsqualifizierende Abschlußphase des Studiums mehr haben; damit wird auch eines der wesentlichen Ausbildungsziele der Ausbildungsreform von 1970 zurückgenommen. Der überwiegende Teil der praktischen Ausbildung wird damit Einrichtungen und Personen übertragen, die wegen der Kapazitätsrestriktionen keiner Ermächtigung und Kontrolle unterliegen können und die darüber hinaus höchst unterschiedliche Ausbildungsvoraussetzungen bieten. Die Sicherung eines ausreichenden Qualitätsstandards setzt aber voraus, daß die praktische ärztliche Grundausbildung in der Verantwortung und unter der Aufsicht der Hochschulen im Rahmen des wissenschaftlichen Studiums verbleibt[135].

In vergleichbarer Form läßt sich für den Bereich der ärztlichen Fortbildung zum Facharzt sagen, an einer Stelle werde ein Loch gestopft und an anderer Stelle wird ein neues aufgerissen. Es leuchtet ohne weiteres ein, daß die Umwandlung von wenigstens 8000 Assistentenstellen – auf denen 24 000 AIP ausgebildet werden sollen – eine erhebliche Reduzierung des Bestandes an Weiterbildungsstellen bedeutet, die schon heute für den noch wachsenden Bewerberansturm nicht ausreichen.

---

[131] *Deutscher Bundestag*, Stenogr. Protokoll 10/111 (o. Fn. 3), S. 8356.
[132] Vgl. auch WRK, Stellungnahme vom 19. 6. 1984.
[133] *Universität Hamburg*, Fachbereich Medizin, Stellungnahme zum Entwurf einer 5. Verordnung zur Änderung der AppO vom 8. 2. 1984.
[134] WRK, Stellungnahme vom 19. 6. 1984.
[135] *Hardegg* (o. Fn. 94), S. 40.

B. Die Verfassungsmäßigkeit der Arzt-im-Praktikum-Regelung

bb) Mängel in Inhalt und Curriculum

Inhaltlich – nach Gliederung und Curriculum – ist die AIP-Ausbildung nicht geeignet, mehr zur praktischen Ausbildung der Ärzte beizutragen, als es das praktische Jahr tun kann. Kleinere Krankenhäuser, deren Beteiligung an der AIP-Ausbildung zahlenmäßig unabdingbar ist, werden nicht nur Schwierigkeiten haben, überhaupt AIP-Stellen einzurichten. Sie werden nach Personal und Patientengut auch nicht immer eine breite Praxis bieten können. Soweit es die niedergelassenen Ärzte angeht, kommen wohl nur größere Praxen in Betracht.

Fraglich ist insbesondere, ob auch Facharztpraxen herangezogen werden können. Wenn das der Fall sein sollte, wäre ohne eine größere Fluktuation nicht auszukommen, will man eine breite praktische Fundierung der Ausbildung garantieren. Die AIP müßten in mehreren Facharztpraxen arbeiten. Das gleiche gilt auch für den gesundheitsärztlichen Dienst. In diesen Bereichen abgeleistete Zeiten könnten nur beschränkt angerechnet werden, weil während der AIP-Zeit in erster Linie allgemeinärztliche Erfahrungen gesammelt werden sollen.

Der von allen Beteiligten geforderte Basisarzt müßte zumindest die medizinischen Hauptdisziplinen durchlaufen, gemäß dem jetzigen praktischen Jahr, was aus organisatorischen Gründen nur schwer oder gar nicht zu verwirklichen sein dürfte. Nur durch eine Grobstrukturierung der Praxisphase, die insbesondere die klinischen Grundlagenfächer berücksichtigt, kann erreicht werden, daß der Arzt im Praktikum im Wege des Rotationsverfahrens seine praktischen Kenntnisse und Fähigkeiten vertieft[136]. Höchstens 6 Monate sollten – wenn überhaupt – an Ausbildungsstätten ohne unmittelbare therapeutische Betreuung von Patienten abgeleistet werden.

Weder die BÄO noch der Entwurf einer AppO tragen diesen Forderungen, die die AIP-Zeit für die Zwecke des Gesetzes allererst geeignet erscheinen lassen, Rechnung.

Die bisherigen Vorstellungen über einen Ausbildungsgang für die zweijährige AIP-Zeit werden dem Anspruch einer strukturierten, Theorie und Praxis miteinander verbindenden praktischen Ausbildungsphase nicht gerecht.

---

[136] 88. Deutscher Ärztetag, Deutsches Ärzteblatt, 1985, S. 1668.

I. Verstoß gegen das Berufsgrundrecht

Auch inhaltlich-fachlich ist die AIP-Zeit nicht geeignet, eine Verbesserung der praktischen Berufsvorbereitung herbeizuführen. Die Ärzte im Praktikum werden von gerade erst ausgebildeten Assistenzärzten ausgebildet werden müssen. Diese sind ohnehin überlastet, und ihre Zahl wird durch Umwandlungen in AIP-Stellen noch verringert werden. In der klinischen Ausbildung wird sich der Anteil von Lehrenden zu Lernenden verringern, womit ebenfalls eine Minderung der Ausbildungsqualität verbunden ist. Die Klinikärzte müssen sich nicht nur um die Ärzte im Praktikum, sondern auch um die Famulanten und Studenten im praktischen Jahr kümmern. Die Fluktuation der Assistenzärzte wird wegen der hohen Bewerberzahlen für die Weiterbildung auch groß sein, so daß von einer stetigen Ausbildung nicht die Rede sein kann.

cc) Ungeklärtheit von Funktion und Status

Soweit es die Umschreibung der Funktionen und des Status des AIP angeht, ist die BÄO von bündiger Kürze. § 4 IV 4 BÄO bestimmt, daß die Tätigkeit so zu gestalten ist, daß der AIP unter Aufsicht eines Arztes ärztliche Tätigkeiten verrichtet und ärztliche Erfahrungen sammeln kann. Nach § 3 I 1 Nr. 5 i. V. m. § 10 IV BÄO wird der AIP aufgrund einer auf die AIP-Tätigkeit beschränkten Erlaubnis tätig. Das Gesetz enthält – im Unterschied zum Referentenentwurf[137] – keine Bestimmungen darüber, ob der AIP sich im Arbeitnehmer- oder Angestellten- oder Auszubildenden-Status befindet. Auch die Art der Tätigkeiten, die er ausüben darf – Spritzensetzen, Nacht-, Not-, Mittagsdienste etc. –, sind nicht näher umschrieben.

Es ist zweifelhaft, ob diese gesetzliche Regelung dem Gebot des effektiven Rechtsschutzes (Art. 19 IV GG), dem Gewaltenteilungsprinzip (Art. 20 II GG) und dem Bestimmtheitsgebot (Art. 20 III GG) entspricht. Nach diesen Grundsätzen muß der Gesetzgeber alle wesentlichen Regelungen nach Gegenstand, Inhalt, Zweck und Ausmaß hinreichend bestimmt selbst treffen[138]. Das Rechtsstaatsprinzip verlangt, daß der Einzelne genau wissen muß, inwieweit die Verwaltung in seinen Rechtskreis eingreifen, seine Rechtsverhältnisse regeln darf[139].

---

[137] Ausschußprotokoll 29/33 (o. Fn. 3), S. 74.
[138] BVerfGE 8, 274 (325); 9, 137 (147); 69, 1 (41).
[139] E 9, 137 (149).

52   B. Die Verfassungsmäßigkeit der Arzt-im-Praktikum-Regelung

Daß die AIP-Regelung der BÄO diesen Rechtsprinzipien entspricht, kann man nur annehmen, wenn man davon ausgeht, daß der Begriff der „Erlaubnis" (§§ 3 I 1 Nr. 5, 10 IV BÄO) an den aus BÄO und AppO zu entnehmenden Vorschriften für die Approbation als Arzt orientiert ist und – ebenso wie der Begriff „Aufsicht" in § 4 IV 4 BÄO – allgemein verständlich, hinreichend bestimmt und klar ist. Für den Begriff „Aufsicht" könnte man das insbesondere dann annehmen, wenn man zur Interpretation auf die Rechtsprechung des Bundesverfassungsgerichtes[140] zurückgreift.

Der aus dem rechtsstaatlichen und demokratischen Verfassungssystem folgende Grundsatz über die Bestimmtheit von Rechtsnormen gilt insbesondere für solche Normen, die zum Erlaß von Rechtsverordnungen ermächtigen. Art. 80 I 2 GG verpflichtet den Gesetzgeber, „die für die Ordnung eines Lebensbereiches entscheidenden Vorschriften selbst zu setzen und, sofern Einzelregelungen der Exekutive überlassen bleiben, sie nach Tendenz und Ausmaß soweit selbst zu bestimmen, daß der mögliche Inhalt der zu erlassenden Verordnung voraussehbar ist"[141]. Gerade in grundrechtsrelevanten Bereichen – und die AIP-Regelung betrifft Art. 12 GG – müssen die wesentlichen Entscheidungen vom demokratisch legitimierten Gesetzgeber getroffen sein.

Insofern ist die Ermächtigungsregelung des § 4 IV BÄO relativ knapp; sie regelt immerhin die medizinischen Lebensbereiche, in denen die Ärzte im Praktikum tätig werden sollen und auch einen Teil der Ausbildungsinhalte (etwa in Gestalt des Hinweises auf die Berücksichtigung begleitender Ausbildungsveranstaltungen). Sie kann aber im Zusammenhang mit § 10 IV BÄO und im Hinblick auf die vorliegende Rechtsprechung noch als nach Inhalt, Umfang und Ausmaß bestimmt angesehen werden.

Die Tätigkeit als AIP, die Erfüllung bestimmter Funktionen in Krankenhaus und Arztpraxis ist nur dann geeignet, dem angehenden Arzt die zur selbständigen Ausübung seines Berufes erforderlichen Kenntnisse und Fertigkeiten zu vermitteln, wenn er bereits hinreichend selbständig arbeiten kann. Das ist jedoch nicht der Fall. Vielmehr soll der AIP nur „unter Aufsicht" tätig werden. In seiner die vorexaminierten Apotheker-

---

[140] E 32,1 (30 ff.).
[141] BVerfGE 7, 282; 20, 283 (295); 21,72 f.; 33, 125 (156); 47, 46 (78 ff.); 56, 31 (40 f.).

I. Verstoß gegen das Berufsgrundrecht

anwärter und die Apothekerassistenten betreffenden Entscheidung[142] hat das Bundesverfassungsgericht näher ausgeführt, was unter Tätigkeit „unter Verantwortung" (Vorexaminierte) und „unter Aufsicht" (Apothekerassistenten) zu verstehen ist. Der Begriff der „Verantwortung" umschreibt nicht allein die straf- und zivilrechtliche Haftung des Apothekers[143], da sich diese Haftung ohne weiteres aus den Rechtsnormen des allgemeinen Straf- und Zivilrechtes ergibt. Es wird vielmehr eine besondere öffentlich-rechtliche Verpflichtung bei der Apothekenleitung ausgesprochen. Sie betrifft die Einhaltung aller für den Betrieb einer Apotheke geltenden Bestimmungen. Der Apothekenleiter kann sich dieser Verpflichtung nicht durch Übertragung auf andere Personen entziehen[144].

Bei Einhaltung dieser Verpflichtungen konnte der Apotheker im Rahmen seiner allgemeinen Organisations- und Direktionspflicht aber selbst entscheiden, in welchem Umfang und mit welchem Maß an Selbständigkeit er einen Vorexaminierten mit der Ausübung pharmazeutischer Tätigkeiten betrauen wollte. Dem Vorexaminierten konnten mehr oder weniger umfassende Aufgabenbereiche zur selbständigen Erledigung zugeordnet werden. Eine zeitlich begrenzte Abwesenheit des Apothekers war nicht ausgeschlossen. Aus dem Umstand, daß Vorexaminierte unter Verantwortung eines bestallten Apothekers tätig sein durften, haben Praxis und Rechtsprechung auch auf die Zulässigkeit der Wahrnehmung von Nacht-, Not-, Mittags- und Sonntagsdienst durch Vorexaminierte geschlossen. Ihnen wurde auch die Vertretungsbefugnis zugestanden[145]. Das Bundesverfassungsgericht ist der Auffassung, daß im Vergleich mit der Stellung des Vorexaminierten der Rahmen, innerhalb dessen der Apothekenassistent – der „unter Aufsicht" tätig ist – seine Tätigkeiten ausüben kann, wesentlich enger gezogen ist. Er war zur Vertretung in der Apothekenleitung nicht befugt. Der Begriff „Aufsicht" erfordert nach der Auffassung des Gerichtes[146] eine laufende Beobachtung des Assistenten und seiner Tätigkeit und verpflichtet gegebenenfalls auch zum korrigierenden Eingreifen, etwa durch Erteilen sachgerechter Weisungen oder durch völlige oder weitgehende eigene Übernahme der Erledigung

---

[142] E 32, 1.
[143] E 32, 1 (30 f.).
[144] *Hoffmann*, Gesetz über das Apothekerwesen, 1961, Rdnr. 83 zu § 1.
[145] E 32, 1 (31).
[146] E 32, 1 (32).

der Betriebsvorgänge. Eine kurzfristige Abwesenheit des Apothekers mag möglich sein. Es sind ihm aber Verschreibungen unmittelbar nach Rückkehr vorzulegen. Nacht-, Not-, Mittags- oder Sonntagsdienst ist damit ausgeschlossen[147].

Diese Rechtsprechung des Bundesverfassungsgerichts läßt sich auf die Funktionen des AIP übertragen und zeigt, daß ihm selbständiges Handeln untersagt ist:

– er kann nicht eigenverantwortlich, auch für den Patienten sichtbar, handeln;
– er darf keine Rezepte ausfüllen;
– er darf keine Geschlechtskrankheiten behandeln[148].

Die im Entwurf eines Tarifvertrages für die Ärzte im Praktikum vorgesehene Möglichkeit, den AIP zu Bereitschaftsdiensten, zur Rufbereitschaft etc. heranzuziehen[149], steht im Widerspruch zu dieser Rechtsprechung. Die Ärzte im Praktikum werden auf den Krankenstationen nichts anderes machen als die Famuli und die Studenten des praktischen Jahres[150].

Sie können nicht eigenverantwortlich arbeiten, sondern in untergeordneter Stellung (§ 34 a EntwAppO). Erst nach Beendigung des Praktikums werden sie eigenverantwortlich und selbständig handeln (§ 34 b EntwAppO). Bei der gegenwärtigen Regelung begeht der AIP wegen der „Erlaubnis" nach § 10 IV BÄO allenfalls keine Körperverletzung, wenn er eine Spritze setzt. Selbst das erscheint nicht zweifelsfrei. Der aufsichtführende Arzt setzt sich einem ungewissen Risiko aus, wenn er den AIP handeln läßt:

– ist er großzügig, kann der AIP fast alles tun, lernt etwas,
– ist er korrekt, kann der AIP fast nichts machen.

Diese aus dem Gesetz und der Rechtsprechung des Bundesverfassungsgerichtes ablesbare Funktionsumschreibung läßt deutlich erkennen, daß die AIP-Zeit gegenüber dem Praktischen Jahr qualitativ nichts oder kaum etwas Neues bringt und praktisch auf eine bloße Verlänge-

---

[147] E 32, 1 (33).
[148] *Hardegg* (o. Fn. 8), S. 33.
[149] ÖTV, Informationen für Absolventen und Medizinstudenten, Juni 1985.
[150] Ausschußprotokoll 29/33 (o. Fn. 3), S. 11.

I. Verstoß gegen das Berufsgrundrecht 55

rung des letzten Studienjahres hinausläuft. Das kann nicht Sinn einer so gravierenden Ausbildungsregelung sein.

Wegen der letztlich vergleichbaren Funktionen wird es auch eine Konfusion hinsichtlich der Kompetenzen der in Kliniken in verschiedenen Status Auszubildenden geben:
- Was dürfen die Assistenzärzte?
- Was dürfen die Ärzte im Praktikum?
- Was dürfen die Studenten im praktischen Jahr?
- Was dürfen die Famuli?

Es wird zum Streit um Handgriffe kommen. Das Nebeneinander von vier Gruppen von Medizinern bzw. Medizinanwärtern
- Ärzte (Chefärzte, Oberärzte, Assistenzärzte)
- Ärzte im Praktikum
- Studenten des praktischen Jahres
- Famuli

wird bei Patienten wie Ausbildern eher zu Verwirrung führen.

Insbesondere in ländlichen Gegenden dürfte das Verhältnis zwischen Auszubildenden, Studenten und Patienten sofort gestört sein, wenn der Patient merkt, daß es sich nicht um einen vollqualifizierten Arzt handelt[151]. Die Einführung eines so undurchsichtigen Betreuerfeldes dient gewiß nicht der Volksgesundheit, zu der ganz wesentlich auch die durch Art. 2 GG geschützten Rechte der Patienten gehören.

Auch im übrigen ist der Status der Ärzte im Praktikum ungeklärt, selbst wenn man einmal von der entscheidenden Frage der mangelnden Funktionseignung zur Ausbildung eines selbständigen Arztes absieht. Weder dienst- noch tarifrechtlich gibt es einen Arzt im Praktikum. Es gilt die Gleichung: Arzt ist Arzt[152].

dd) Die Frage der Anrechnung auf die Weiterbildung

Die Präzisierung der Funktionen, die der AIP ausüben darf, hat zur Konsequenz, daß die AIP-Zeit nicht auf die Weiterbildung angerechnet

---

[151] Sitzung des Bundestagsausschusses für Jugend, Familie, Gesundheit vom 6. 3. 1978.
[152] BR-Drs. 264/1/84, 539. Sitzung, S. 295.

56   B. Die Verfassungsmäßigkeit der Arzt-im-Praktikum-Regelung

werden kann. Es ist ein Grundprinzip der Weiterbildung, daß nur eine vollwertige ärztliche Tätigkeit angerechnet werden kann[153]. Folgerichtig hat auch die „Kleine Kommission" in ihrem Bericht vom 9. 10. 1980[154] die Möglichkeit einer Anrechnung ausgeschlossen. AIP-Zeit und Weiterbildung verfolgen unterschiedliche Zielsetzungen:

– Die Praxisphase dient der Abrundung der ärztlichen Ausbildung und dem Erwerb allgemeinärztlicher Kenntnisse, Fähigkeiten und Fertigkeiten,
– die Weiterbildung dient der Spezialisierung.

Die Kommission sah allerdings die Möglichkeit einer Verkürzung der Weiterbildungszeiten, allerdings nur in solchen Weiterbildungsgängen, für die EG-Richtlinien nicht besondere Weiterbildungszeiten vorsehen.

e) Unverhältnismäßigkeit als Nichterforderlichkeit

Die Einführung der 18- bis 24monatigen AIP-Zeit ist unverhältnismäßig auch insoweit, als sie nicht erforderlich ist, eine bessere Ausbildung der Mediziner zu erreichen.

Zunächst läuft das AIP-Jahr für einen Teil der Mediziner, die nicht in die behandelnde Praxis gehen wollen, auf eine unnötige Verlängerung der Berufsvorbereitung hinaus. Das gilt etwa für Pharmakologen und Physiologen, aber auch für Ärzte in Spezialdisziplinen, wie etwa Tropenärzte. Vor allem trifft es auf Mediziner zu, die in die Forschung und Entwicklung gehen wollen. Im Sinne bester berufsbezogener Ausbildung ist für sie ein Ausbildungsgang geeigneter, der sie möglichst bald nach ihrer vorwiegend theoretisch geprägten Studienphase in ihre Tätigkeitsfelder entläßt. In diesem Zusammenhang muß beachtet werden, daß klinische Einrichtungen der Universität – z.B. Innere Medizin, Chirurgie, Pädiatrie – heute zur Förderung des wissenschaftlichen Nachwuchses wenigstens eine zweijährige Tätigkeit in einem Institut der Grundlagenforschung (Biochemie, Physiologie, Pathologie) verlangen, um den Einstieg in die klinische Forschung durch methodische Kenntnisse zu sichern[155]. Warum soll der interessierte Theoretiker, dessen Aufgabenfeld in Labo-

---

[153] *Berufsvertretung der praktischen Ärzte und Ärzte für Allgemeinmedizin*, Stellungnahme vom 22. Oktober 1984, S. 11.
[154] S. 32 f.
[155] Fortschritte in der Medizin, 1985, S. 16.

ratorien, in Forschungs- oder Industrieeinrichtungen liegt, noch durch das Nadelöhr der AIP-Zeit gehen?

Daß eine Verlängerung der Medizinerausbildung um zwei weitere Jahre nicht erforderlich ist, um die Qualität der deutschen Ärzte zu steigern, lehrt auch der internationale Vergleich. Die deutsche Medizinerausbildung hat nach internationalen Maßstäben keineswegs mehr eine einzigartige Qualität[156]. Trotz der im Verhältnis zu Deutschland auffälligen Praxisorientierung der „verschulten" amerikanischen Ausbildung hat Nordamerika die deutsche Medizin eindeutig überholt; das gilt vor allem für die wissenschaftliche Leistungsfähigkeit[157]. Der Student angloamerikanischer Provenienz beendet sein Studium mit 23 bis 24 Jahren, drei bis fünf Jahre früher als sein deutscher Kollege.

Auch zahlreiche europäische Länder haben kürzere Ausbildungszeiten[158]:
- Belgien: 7 Jahre Studium, keine praktische Ausbildung.
- Island: 6 Jahre Studium, ein Jahr praktische Ausbildung.
- Italien: 6 Jahre Studium und ein halbes bis ein Jahr praktische Ausbildung.
- Großbritannien: 5 bis 6 Jahre Studium, 12 Monate Praktikum.
- Schweiz: 6 Jahre Studium, kein Praktikum.

f) Unverhältnismäßigkeit als Unzumutbarkeit

Letztlich ist die Einführung der AIP-Zeit unverhältnismäßig, weil sie unzumutbar ist. Die Neuregelung ist unzumutbar insbesondere deshalb, weil – wie die Prüfung gezeigt hat – eine ausreichende Zahl von Ausbildungsstellen nicht bereitgestellt werden kann.

In der Begründung des vierten Gesetzes zur Änderung der BÄO heißt es: „Es wird erwartet, daß ein so ausreichendes Angebot an Stellen in Krankenhäusern und ärztlichen Praxen bereitgestellt werden kann, daß

---

[156] *Göbel / Hardegg / Koser / Schneider*, Die Ausbildungssituation im Studiengang Medizin in der BRD und in vergleichbaren Ländern, 1979.

[157] *H. E. Renschler*, Der Verband der amerikanischen Medizinschulen und seine Aktivitäten, Vortrag vor dem Medizinischen Fakultätentag 1982 am 4. 6. 1982 in Göttingen.

[158] Material des BMJFG vom 3. 3. 1980; Übersicht in: Klinikarzt, Heft 14 (1985), S. 276.

alle Absolventen eines Medizinstudiums in einer zumutbaren Zeit ihre Ausbildung abschließen können[159]." Das ist außerordentlich problematisch. Falls damit die Möglichkeit von Wartezeiten zwischen dem Abschluß des Medizinstudiums und der Aufnahme der Tätigkeit als AIP gemeint ist, muß darauf hingewiesen werden, daß die Gesamtdauer der Ausbildung zum Arzt auf insgesamt acht Jahre gestiegen ist. Wie im Referendariat im Lehramt bzw. in der juristischen Ausbildung wird man eine gewisse Wartezeit für zumutbar halten können. Angesichts der Stellenlage wird es damit aber kaum sein Bewenden haben. Schon deshalb ist die Regelung so nicht zumutbar.

Unzumutbar wird sie aber offensichtlich dadurch, daß es sich um einen zweiten Numerus Clausus innerhalb der Medizinerausbildung handeln wird. Es ist nicht zu sehen, daß die Zahl der Studienbewerber für das Fach Medizin in den nächsten Jahren so absinken wird, daß Zulassungsbeschränkungen beim Studienbeginn vermieden werden können.

Erschwerend kommt hinzu, daß die angehenden Mediziner beim Übertritt in den Beruf zunehmend mit Schwierigkeiten werden rechnen müssen. Die Zahl der berufstätigen Ärzte, die 1954 bei 15 000, 1970 bei 100 000, 1976 bei 130 000 und 1984 bei 160 000 lag, wird bis zum Jahre 2000 auf ca. 290 000 steigen. Die Arztdichte ist von 1:806 (1959) auf 1:403 (1983) gestiegen; sie hat sich also bei inzwischen sinkender Bevölkerungszahl verdoppelt[160]. Der sich hier abzeichnende „dritte Numerus Clausus" ist nicht vom Staat verursacht und zu vertreten; die Schwierigkeiten liegen allein im Risikobereich des Einzelnen. Gleichwohl kann die Arbeitsmarktlage nicht ohne Auswirkung auf die Beurteilung weiterer Verzögerungen und Erschwerungen der medizinischen Ausbildung bleiben, wie sie die Einführung eines AIP-Jahres darstellt.

3. Verletzung des Art. 12 GG als Teilhaberecht

Die Studenten und Studentinnen der Medizin sind darüber hinaus in ihrem Berufsgrundrecht aus Art. 12 I GG i. V. m. dem Gleichheitsgrundsatz (Art. 3 GG) und dem Sozialstaatsprinzip (Art. 20 I, 28 I GG) verletzt,

---

[159] BTDrs. 10/1963, S. 8.
[160] BTDrs. 10/3374, S. 45; Deutsches Ärzteblatt, Ausg. A, 80. Jahrgang, 1983, S. 22; *Blumenwitz* (o. Fn. 1), S. 24, 57, *Wannagat* (o. Fn. 43), S. 10/11.

I. Verstoß gegen das Berufsgrundrecht

weil die BÄO kein Verteilungsverfahren für den Fall nicht zureichender AIP-Plätze enthält.

Der Staat ist objektiv zur Bereitstellung von Ausbildungsplätzen verpflichtet; die Studenten und Studentinnen können subjektive Teilhabeansprüche an den Ausbildungsplätzen geltend machen; beides verpflichtet den Staat zur organisatorischen und verfahrensmäßigen Regelung der „Mängelverwaltung"[161]. Dieser Verpflichtung ist der Staat nicht nachgekommen.

Der verfassungsrechtliche Grundrechtsschutz im Bereich des Ausbildungswesens erschöpft sich nicht in der den Freiheitsrechten herkömmlich beigemessenen Schutzfunktion gegen Eingriffe der öffentlichen Gewalt. Als objektive Normen statuieren sie zugleich eine Wertordnung, die als verfassungsrechtliche Grundentscheidung für alle Bereiche des Rechts Geltung beansprucht[162]. Je stärker sich der moderne Staat der sozialen Sicherung und kulturellen Förderung der Bürger zuwendet, desto mehr tritt im Verhältnis zwischen Bürger und Staat neben das ursprüngliche Postulat grundrechtlicher Freiheitssicherung vor dem Staat die komplementäre Forderung nach grundrechtlicher Verbürgung der Teilhabe an staatlichen Leistungen[163]. Art. 12 GG insbesondere beinhaltet nicht nur eine Freiheit von Zwängen und Verboten, sondern eine grundrechtlich verbürgte Teilhabe an staatlichen Leistungen, da das Grundrecht, ohne die tatsächlichen Voraussetzungen, es wahrzunehmen, wertlos wäre. Die Berufsfreiheit verwirklicht sich zwar vorwiegend in Gestalt der Freiheit von Zwängen und Verboten. Seiner wirklichen Natur nach zielt die Berufsfreiheit als Ausbildungsfreiheit aber auf freien Zugang zu Einrichtungen[164]. Das beinhaltet einen Zutrittsanspruch, namentlich dort, wo der Staat ein faktisches Monopol hat. Jeder, der eine Ausbildung beginnt, der zu einer Ausbildung zugelassen ist, muß zumindest die Chance haben, die Einrichtungen zu besuchen und die Ausbildung abzuschließen.

---

[161] E 43, 291 (316).
[162] BVerfGE 21, 363 (372); 33, 303 (330).
[163] *Tettinger* (o. Fn. 1), S. 13, Fn. 45; BVerfGE 33, 303 (330); 43, 291 (314); 45, 313; BVerwG BayVBl. 1979, 439; BVerwGE 27, 360 (362); *Salzwedel*, in: Karpen (Hrsg.), Verfassungsrechtliche Fragen des Hochschulzuganges, Beiheft 6 der Zeitschrift WissR, Tübingen 1978, S. 237; *Richter*, in: Karpen (Hrsg.), a.a.O., S. 211; *Häberle*, Das Bundesverfassungsgericht im Leistungsstaat, DÖV 1972, 729; *Wahrendorf, Arnold*, Das Recht auf freie Wahl der Ausbildungsstätte als grundrechtlich verbürgte Zulassungschance, DVBl. 1978, S. 258.
[164] E 33, 303 (331).

B. Die Verfassungsmäßigkeit der Arzt-im-Praktikum-Regelung

So liegt es auch hier. Die AIP-Phase ist Teil der Ausbildung, die insgesamt – von der Studienzulassung bis zur Approbation – vom Staat reglementiert und kontrolliert und überwiegend in staatlichen Ausbildungseinrichtungen vollzogen wird. Der Staat ist also zur bestmöglichen Vorhaltung von AIP-Ausbildungsstellen und – im Falle eines Mangels – zur fairen, die Chance jedes einzelnen wahrenden Verteilung verpflichtet.

Die Leistungsdimension des Berufsgrundrechtes kann sich im Ausbildungsbereich konkretisieren als

– schlichter Teilhabeanspruch des Einzelnen an den vorhandenen Kapazitäten,

– objektiver sozialstaatlicher Auftrag zur Erweiterung der Ausbildungskapazitäten,

– einklagbarer Individualanspruch auf Erweiterung,

– Anspruch des Einzelnen auf ein chancenwahrendes Verteilungsverfahren.

Insgesamt stellen sich diese Grundrechtsausprägungen als Anwendung des Verhältnismäßigkeitsprinzips in der Leistungsverwaltung dar. Zunächst hat jeder Medizinstudent, der eine Erlaubnis nach § 20 IV BÄO besitzt, nach Art. 12 I, 3 GG einen Anspruch auf Zulassung zur AIP-Ausbildung. Vom am Gleichheitssatz orientierten Gedanken des Teilhaberechts sind an Beschränkungen des Zuganges zur Ausbildung besonders strenge Anforderungen zu stellen, da Zulassungsbeschränkungen die Verteilung von Ausbildungs- und Karrierechancen betreffen. Zulassungsbeschränkungen und Wartezeiten sind also nur in den Grenzen des unbedingt Erforderlichen und unter erschöpfender Nutzung aller Kapazitäten zulässig. Der Staat muß also nicht nur die in den Hochschul- und sonstigen staatlichen Kliniken zur Verfügung stehenden Plätze voll ausschöpfen, sondern auch auf die Träger der anderen Ausbildungssektoren – auch mit finanziellen Mitteln – dergestalt einwirken, daß die vorhandenen Ausbildungsplätze[165] erschöpfend genutzt werden.

Dabei wird man aber nicht stehen bleiben können. Da der Staat diese zusätzliche Praxisphase angeordnet hat und die Ärzte im Praktikum überwiegend auf die staatlichen Einrichtungen angewiesen sind, ist der Staat verpflichtet, nachhaltig auf die Erweiterung der Kapazitäten hinzuwirken[166]. Das ist ein objektiver sozialstaatlicher Verfassungsauftrag.

---

[165] E 33, 303 (332).

I. Verstoß gegen das Berufsgrundrecht

Verfassungsrechtliche Konsequenzen – etwa in Gestalt der Feststellung, daß die AIP-Regelung mangels Verwirklichung des Sozialstaatsauftrages verfassungswidrig ist – ließen sich aus diesem Verfassungsauftrag allerdings erst ziehen, wenn der Staat seine Pflichten evident versäumt hätte[166]. Davon kann bisher nicht die Rede sein.

Ob über diese objektive Verpflichtung des Staates hinaus ein Individualanspruch auf Schaffung zusätzlicher Kapazitäten besteht, hat das Bundesverfassungsgericht[168] ausdrücklich offen gelassen.

Wenn Teilhaberechte wegen der objektiven Verpflichtung des Staates zur Kapazitätserweiterung also auch nicht von vornherein auf das jeweils Vorhandene beschränkt sind, so stehen sie doch unter dem Vorbehalt des Möglichen im Sinne dessen, was der Einzelne vernünftigerweise von der Gesellschaft beanspruchen kann. Dies hat in erster Linie der Gesetzgeber – insbesondere als Haushaltsgesetzgeber – in eigener Verantwortung zu entscheiden. Er muß die Entscheidung über den Umfang und die Prioritäten des Hochschul- und Krankenhausausbaues treffen, allerdings in steter Orientierung an der von ihm selbst geschaffenen Verpflichtung der Arztanwärter, die AIP-Phase zu durchlaufen.

Der teilhaberechtliche Grundsatz, jedem Zulassungsberechtigten eine Chance zu wahren (Art. 12 I, 3 GG), bedeutet im Hinblick auf das eben Ausgeführte

– in negativer Hinsicht, daß keine Ungleichheit entsteht oder stabilisiert wird, also etwa einzelne AIP-Anwärter zugelassen, andere abgewiesen werden;
– in positiver Hinsicht verpflichtet dieser Grundsatz dazu, das Zulassungsrecht jedes Einzelnen und seine prinzipielle Gleichberechtigung zu wahren[169].

Wenn nach dem Ausgeführten die ausdrückliche verfassungsrechtliche Anerkennung der Verpflichtung, die Ausbildungskapazitäten im Rahmen des Möglichen zu erweitern, derzeit nicht bedeutet, daß dem Einzelnen die Zulassung zur AIP-Ausbildung garantiert ist[170], dann ist um so dringender zu fordern, daß der Zugang zu den verfügbaren Ausbildungs-

---

[166] E 33, 303 (333).
[167] E 33, 303 (333); 43, 291 (325).
[168] E 33, 303 (333).
[169] E 43, 291 (316).
[170] E 33, 303 (336); 43, 291 (316).

B. Die Verfassungsmäßigkeit der Arzt-im-Praktikum-Regelung

plätzen nur unter strengen formell- und materiellrechtlichen Voraussetzungen beschränkt werden darf. Die Auswahl und Verteilung muß nach sachgerechten Kriterien erfolgen und jedem examinierten Arztanwärter eine Chance lassen, zugelassen zu werden[171].

Es handelt sich dabei um eine wesentliche, grundrechtsrelevante Regelung, die nach dem demokratischen Gesetzesvorbehalt vom Gesetzgeber selbst getroffen werden muß[172]. Der Gesetzgeber müßte Einzelheiten einer Zwangsbewirtschaftung der verfügbaren AIP-Stellen regeln, ein „Notrecht zur Verwaltung des Mangels" entwerfen[173]. Nur über ein Verteilungsverfahren auf Bundes-, Landes- oder Hochschulebene analog dem Ortsverteilungs- oder Zuteilungsverfahren nach dem Staatsvertrag über die Verteilung von Studienplätzen vom 20. Oktober 1972 (GVBl. NRW 1973, 220) könnten die verfügbaren AIP-Plätze verteilt werden, so daß „kapazitätsverzehrende Überschneidungen" durch geeignete Maßnahmen ausgeschlossen würden[174].

Die Regelung müßte berücksichtigen, daß

– die Bereitstellung von AIP-Stellen im öffentlichen Gesundheitsdienst und in Hochschulkliniken von staatlicher Seite beeinflußt werden kann,

– nicht abschätzbar ist, wie sich die niedergelassenen Ärzte verhalten werden,

– 90% aller AIP-Plätze in Krankenanstalten bereitgestellt werden müssen, von denen ein Großteil in privater oder freigemeinnütziger Trägerschaft geführt werden.

Außerdem müßten die Grundlagen objektiv sachgerechter und individuell zumutbarer Auswahl- und Verteilungskriterien gesetzlich geregelt sein[175], sei es Jahrgangsprinzip, Grad der Eignung nach Maßgabe der ärztlichen Prüfung etc.[176]. Das Änderungsgesetz zur BÄO enthält auch nicht den Ansatz einer solchen materiellen und organisatorisch-verfahrensrechtlichen Regelung und verstößt damit gegen Art. 12, 3, 20/28 GG.

---

[171] E 33, 303 (338); 43, 291 (323).
[172] *Kloepfer / von Mutius*, VVDStRL 41, 1983, S. 245, 285; *Ossenbühl*, in: Festschrift für Eichenberger, 1982, S. 185: „Die Ausgestaltung des Verfahrens ist deshalb gleichsam eine grundrechtsexistenzielle Frage".
[173] BVerfGE 39, 258 (271); 43, 34 (44); 54, 173 (194).
[174] *Hardegg* (o. Fn. 8), S. 7.
[175] E 43, 291 (323).
[176] E 33, 303 (348f.).

II. Verstoß gegen die Prinzipien der Rechtssicherheit und des Vertrauensschutzes (Art. 20 I, 28 I i.V.m. Art. 2 I GG)

1. Vertrauensschutz und Rückwirkungsverbot

Die Studenten und Studentinnen der Medizin sind durch die AIP-Regelung der BÄO in ihren Grundrechten auf Rechtssicherheit und Vertrauensschutz verletzt (Art. 2 GG). Die BÄO verstößt gegen das verfassungsrechtliche Rückwirkungsverbot (Art. 20 I, 28 I GG – Rechtsstaatsprinzip – i.V.m. Art. 2 I GG – Vertrauensschutz –), indem es jedenfalls solche Arztanwärter, die ihr Studium in den Wintersemestern 1982-1984 begonnen haben und nicht Kassenärzte werden wollen, der AIP-Ausbildung unterwirft.

Es sind folgende Gruppen von Arztanwärtern zu unterscheiden, wobei der Einfachheit halber nur von den Bewerbern ausgegangen wird, die nach Abschluß der Schulausbildung im folgenden Wintersemester ihr Studium beginnen. Für die Anwärter, die im Sommersemester beginnen, stellt sich die Problematik entsprechend dar.

(1) Wer im Wintersemester 1979, 1980, 1981 sein Studium begann und es am 30. Juni 1985, 1986, 1987 beenden zu können erwarten konnte und kann, mußte sich nicht auf eine AIP-Ausbildung einrichten und muß es auch heute nicht, da die AIP-Regelung nach Art. 2 § 1 der BÄO für Studierende der Medizin, die bis zum 30. Juni 1987 die ärztliche Prüfung erfolgreich ablegen, keine Anwendung findet.

Soweit sie Kassenärzte werden wollen, mußten und müssen sie sich aber auf eine Kassenvorbereitungszeit von zunächst sechs Monaten einstellen, die durch die 3. Verordnung zur Änderung der Zulassungsordnung für Kassenärzte vom 14. 12. 1983 (BGBl. I, 1431) auf 18 Monate verlängert wurde. Wer nicht Kassenarzt werden wollte, brauchte und braucht sich auf keine Verlängerung der Ausbildung nach Abschluß des sechsjährigen Studiums einzustellen. Er erhält die Approbation nach Abschluß der ärztlichen Prüfung und kann zu praktizieren beginnen.

(2) Wer im Wintersemester 1982 sein Studium begann und es Ende Juni 1988 zu beenden hofft, muß nach Art. 2 § 2 des 4. Änderungsgesetzes zur BÄO eine verkürzte 18monatige AIP-Zeit ableisten. Diese Ausbildung wird bis zum 31. 12. 1989 dauern, so daß für die Kassenbe-

werber eine Kassenvorbereitungszeit nicht mehr erforderlich ist: Nach Art. 3 Satz 3 der 3. Änderungsverordnung zur Zulassungsverordnung vom 14. 12. 1983 brauchen sie keine Vorbereitungszeit zu absolvieren, da die dazu verpflichtenden Vorschriften am 31. 12. 1988 außer Kraft treten.

Die Kassenbewerber sind durch die BÄO von 1985 zumindest um ein Jahr in ihrem Vertrauen getäuscht; im übrigen tritt die AIP-Zeit anstelle der Kassenvorbereitungszeit, mit der Bewerber bei Studienaufnahme ja zumindest bis zu einer Dauer von sechs Monaten rechnen mußten.

Soweit die Bewerber keine Kassenzulassung anstreben, sind sie bis zur Dauer von 18 Monaten in ihrem Vertrauen enttäuscht worden.

(3) Wer im Wintersemester 1983 sein Studium begann und es bis Ende Juni 1989 zu beenden hofft, muß nach Art. 2 § 2 Änderungsgesetz zur BÄO 18 Monate AIP-Dienst ableisten. Die Kassenvorbereitungspflicht ist nach Art. 3 der Änderungsverordnung zur Zulassungsverordnung erloschen. Ab 21. Dezember 1983 – Tag des Inkrafttretens der Änderungsverordnung zur Zulassungsordnung –, also kurz nach Aufnahme des Studiums, konnten diese Bewerber auch damit rechnen, daß sie keine Kassenvorbereitungszeit hinter sich bringen müßten. Sie sind also durch die 1985 eingeführte AIP-Zeit in ihrem Vertrauen enttäuscht worden. Das gilt in besonderem Maße für solche Arztbewerber, die keine Kassenzulassung anstreben, von der „Verrechnung" der Kassenzulassungszeit mit der AIP-Zeit also keine Notiz zu nehmen brauchten.

(4) Wer im Wintersemester 1984 sein Studium begann und es Ende Juni 1990 abzuschließen hofft, muß 18 Monate AIP-Zeit ableisten. Eine Kassenvorbereitungszeit kommt nicht in Betracht, mit ihr mußte auch nicht gerechnet werden (Art. 3 der Änderungsverordnung vom 14. 12. 1983). Erst recht gilt das Gesagte für solche Bewerber, die nicht die Kassenzulassung anstreben.

(5) Wer im Wintersemester 1985 mit dem Medizinstudium begann, mußte und muß sich nach Maßgabe des 4. Änderungsgesetzes zur BÄO vom 14. März 1985 – § 3 I, Nr. 3 BÄO – auf eine AIP-Zeit von zwei Jahren einrichten, gleichgültig, ob er eine Kassenzulassung erstrebt oder nicht.

Es zeigt sich also, daß in den Gruppen (2) bis (5) – selbst wenn man eine „Verrechnung" der AIP-Zeit mit der auslaufenden Kassenvorbereitungszeit vornimmt – solche Arztanwärter, die die Kassenzulassung anstreben, wenigstens teilweise in ihrem Vertrauen enttäuscht sind; solche Arztanwärter, die keine Kassenzulassung anstreben, sind in diesen Gruppen in Höhe von 18 Monaten in ihrem Vertrauen enttäuscht. Diese verfassungsrechtlich unzulässige Rückwirkung der BÄO i.d.F. vom 14.3.1985 hätte durch Übergangsvorschriften vermieden werden müssen.

2. Rückwirkung und Anknüpfung

Übergangsregelungen bzw. Überleitungsvorschriften sind dadurch charakterisiert, daß sie das Verhältnis zweier zeitlich aufeinander stoßender Rechtsordnungen regeln. Sie geben Antwort auf die „Frage, ob die nach dem bisherigen Recht begründeten Rechte und Rechtsverhältnisse übergangsweise fortgelten oder ob in Zukunft nur noch die neuen Vorschriften maßgeblich sein sollen"[177]. Es geht also um das Problem, ob die BÄO die Arztanwärter, die ihr Studium vor dem 14. März 1985 begonnen haben, in die AIP-Regelung einbeziehen durfte.

Das Bundesverfassunggericht unterscheidet in ständiger Rechtsprechung echte (retroaktive) und unechte (retrospektive) Rückwirkung. Eine echte Rückwirkung nimmt das Gericht dann an, wenn ein Gesetz nachträglich ändernd in abgewickelte, der Vergangenheit angehörende Tatbestände eingreift. Eine unechte Rückwirkung (Anknüpfung) liegt dann vor, wenn die Änderung in Gestalt neuer, geänderter Vorschriften in gegenwärtige, noch nicht abgeschlossene Verhältnisse für die Zukunft eingreift[178].

Das eigentliche Problem der Zulässigkeit der Rückwirkung stellt sich für den Fall der echten Rückwirkung, nämlich dann, wenn der Beginn des zeitlichen Anwendungsbereiches einer Vorschrift normativ auf einen Zeitpunkt festgelegt ist, der vor dem Zeitpunkt liegt, zu dem die Norm rechtlich existent, d.h. gültig geworden ist[179]. Aus rechtsstaatlichen Gründen hat das Bundesverfassungsgericht eine (echte) Rückwirkung

---

[177] BVerfGE 31, 279 (284).
[178] E 11, 139 (145f.).
[179] E 30, 392 (401); 63, 343 (353); 68, 278 (306).

grundsätzlich – mit wenigen Ausnahmen – für unzulässig erklärt (Art. 20 I, 28 I, 2 I GG)[180].

So liegt die Sache hier jedoch nicht. Das Änderungsgesetz zur BÄO erstreckt seine Geltung nicht in die Vergangenheit, sondern nur in die Zukunft, bezieht in seine Geltung jedoch früher entstandene Sachverhalte mit ein. Das ist ein Fall (unechter) Rückwirkung. Sie liegt dann vor, wenn eine Norm für die Zukunft auch bereits „vorgefundene" Rechtslagen regeln will und damit notwendigerweise auch an in der Vergangenheit liegende Umstände anknüpft[181].

Regelungen mit unechter Rückwirkung sind nach der Rechtsprechung des Bundesverfassungsgerichtes grundsätzlich zulässig[182]. Jedoch ergeben sich für den Gesetzgeber aus dem rechtsstaatlichen Prinzip der Rechtssicherheit verfassungsrechtliche Schranken, wobei Rechtssicherheit in erster Linie Vertrauensschutz für den Bürger bedeutet[183]. Das Vertrauen des Bürgers ist namentlich dann enttäuscht, wenn das Gesetz entwertende Eingriffe vornimmt, mit denen der Bürger nicht zu rechnen brauchte, die er bei seinen Dispositionen nicht berücksichtigen konnte[184].

Die Rechtsprechung hat eine unechte Rückwirkung für verfassungswidrig erklärt, wenn sie in einen Vertrauenstatbestand eingreift und die Bedeutung des gesetzgeberischen Anliegens für die Allgemeinheit das Interesse des einzelnen am Fortbestand des bisherigen Rechtszustandes nicht übersteigt[185]. Wenn eine Rechtsposition schlechthin entwertet wird[186] oder wesentlich verschlechtert wird[187], überwiegt das Individualinteresse; wenn das Recht unklar und verworren war oder sonst zwingende Gründe des Allgemeinwohls für die Anknüpfung sprechen, überwiegt das Allgemeinwohl.

Die Unterscheidung von echter und unechter Rückwirkung hat im Schrifttum überwiegend Kritik gefunden[188]. In einem Sondervotum hat

---

[180] E 13, 261 (271); 63, 343 (353); *Bodo Pieroth*, Rückwirkung und Übergangsrecht, verfassungsrechtliche Maßstäbe für intertemporale Gesetzgebung, Berlin 1981, S. 54.
[181] E 63, 343 (356); 68, 392 (402).
[182] E 13, 46 (52); 14, 288 (279); 30, 392 (402); 40, 65 (75); 43, 291 (391); 63, 152 (175); 64, 87 (104); 68, 307.
[183] E 51, 356 (362).
[184] E 14, 288 (299).
[185] E 40, 65 (75).
[186] E 14, 288 (297); 63, 359; *Pieroth* (o. Fn. 180), S. 39, Fn. 10.
[187] E 39, 128 (144); 48, 403 (415); 50, 386 (395).

II. Verstoß gegen Rechtssicherheit und Vertrauensschutz

der Richter Steinberger[189] gemeint, die Begriffe verwirrten eher als daß sie die Sache klärten; sie sollten deshalb besser aufgegeben werden.

Dem ist das Bundesverfassungsgericht in neueren Entscheidungen auch gefolgt[190]. Es verwendet den Begriff „Rückwirkung" nur noch für die „echte Rückwirkung" – für die es bei der grundsätzlichen Verfassungswidrigkeit bleibt – und verwendet im übrigen den Begriff „Anknüpfung" an tatbestandlich umschriebene Sachverhalte, die ihre „Vergangenheit" haben – für die die Beurteilungsmaßstäbe Verbraucherschutz und Abwägung zwischen Allgemeinwohl und Individualinteresse gelten[191].

Bei der „Rückwirkung" geht es darum, daß früheres Verhalten der Bürger nachträglich neu bewertet, etwa als rechtswidrig qualifiziert, mit neuen Pflichten belastet wird. Der praktische Schwerpunkt der „Anknüpfung" liegt dort, wo der Gesetzgeber, ohne das frühere Verhalten der Bürger neu zu qualifizieren, an dieses Verhalten oder an sonstige Lebenssachverhalte, die aus der Vergangenheit herrühren, belastende Rechtsfolgen knüpft. Die Lebensbereiche, in denen das geschehen kann, sind vielfältig und unüberschaubar; die „Verschärfung" von Ausbildungs-, Studien- und Prüfungsordnungen gehört dazu[192].

Hier treffen fundamentale Verfassungsprinzipien aufeinander: Auf der einen Seite die Rechtssicherheit, hinter der letztlich der Freiheitswert steht – denn Verläßlichkeit der Rechtsordnung ist wesentliche Voraussetzung für Freiheit, das heißt die Selbstbestimmung über den eigenen Lebensentwurf und seinen Vollzug[193] –, auf der anderen Seite die unabdingbare Notwendigkeit, die Rechtsordnung ändern, Politik betreiben zu können, um den Staat handlungsfähig gegenüber dem unvermeidlichen oder politisch gezielt gewollten Wandel der Lebensverhältnisse zu erhalten. Dazu kann es auch erforderlich sein, Normen zu erlassen, die in erheblichem Umfang an in der Vergangenheit liegende Umstände

---
[188] *Pieroth* (o. Fn. 180), S. 85 m.w.N.
[189] E 48, 1 (23).
[190] z. B. in E 63, 343 (353; 356); 67, 1 (15).
[191] Zur neuen Rechtsprechung: *Hartmut Bauer*, Neue Tendenzen in der bundesverfassungsgerichtlichen Rechtsprechung zum Rückwirkungsgebot, NVwZ 1984, S. 220-249; zur Kritik des Konzepts der Güter- und Wertabwägung: *Friedrich Müller*, Juristische Methodik, 2. Aufl., Berlin 1976, S. 52 ff., 175 ff.; *Bernhard Schlink*, Abwägung im Verfassungsrecht, Berlin, 1976, S. 127 f.
[192] E 63, 343 (357).
[193] E 60, 253 (268).

anknüpfen[194]. Der Bürger kann nicht erwarten, daß eine ihm günstige Gesetzeslage selbst dann unverändert bleibt, wenn sie sich insgesamt als schädlich erweist oder der Verbesserung bedürftig ist[195].

Im Anschluß an diese Rechtsprechung des Bundesverfassungsgerichtes wird heute überwiegend im Topos des Vertrauensschutzes der für die Anknüpfungsverbote maßgebliche Gesichtspunkt erblickt[196]. Dieses Prinzip wird in Verbindung gebracht mit dem Prinzip der Rechtssicherheit und damit letztlich des Rechtsstaates. Für die Entscheidung, ob im Einzelfall das Vertrauen des Bürgers auf den Fortbestand einer gesetzlichen Regelung eine Rücksichtnahme durch den Gesetzgeber beanspruchen kann, ist einerseits die Schutzwürdigkeit des erlangten Besitzstandes und andererseits die Bedeutung des gesetzgeberischen Anliegens für das Wohl der Allgemeinheit maßgeblich und gegeneinander abzuwägen[197].

3. Abwägung zwischen Vertrauensschutzinteressen des Einzelnen und Allgemeininteressen

Die Abwägung zwischen dem Allgemeininteresse an einer alsbaldigen Einführung der Neuregelung der BÄO und den schutzwürdigen, im Vertrauensschutz begründeten Interessen der Arztbewerber hätte nach dem Grundsatz der Verhältnismäßigkeit eine Entscheidung zugunsten der Individualinteressen verlangt. Eine Übergangsregelung hätte jedenfalls die Arztbewerber der Jahrgänge 1982, 1983 und 1984, die nicht Kassenärzte werden wollen, aus der Verpflichtung, die AIP-Regelung zu durchlaufen, ausnehmen müssen.

Der Gesetzgeber ist nicht gehindert, den Verschiedenheiten verschiedener Gruppen Rechnung zu tragen, wenn er sich zu dem schwierigen Weg entschließt, die Vorteile der Änderung des Gesetzes durch eine Übergangsregelung möglichst bald wirksam werden zu lassen, statt sich mit einem Auslaufen der älteren Regelung zu begnügen[198]. Bei der Anknüpfung und der Schaffung einer Übergangsregelung steht dem Gesetzgeber jedoch ein weiter Gestaltungsspielraum zur Verfügung. Der

---
[194] E 63, 343 (357).
[195] E 43, 291 (390); 67, 1 (15).
[196] *Pieroth* (o. Fn. 180), S. 119, m. w. N. in Fn. 53.
[197] E 29, 128 (145); 43, 391; 59, 25 f.
[198] E 37, 342 (355); 40, 65 (76); 43, 242 (288); 43, 291 (391); 63, 152 (175); 67, 1 (15).

II. Verstoß gegen Rechtssicherheit und Vertrauensschutz

Nachprüfung durch das Gericht unterliegt insoweit nur, ob der Gesetzgeber bei einer Gesamtabwägung zwischen der Schwere des Eingriffs und dem Gewicht und der Dringlichkeit der ihn rechtfertigenden Gründe unter Berücksichtigung aller Umstände die Grenze der Zumutbarkeit überschritten hat[199].

Das hat der Gesetzgeber hier getan. Bei der Abwägung des öffentlichen Interesses an der sofortigen Invollzugsetzung der AIP-Regelung gegen die Interessen der Arztbewerber überwiegt der Vertrauensschutz der letzteren.

Der Gesetzgeber hat übergangsweise Erleichterungen für einzelne Gruppen von Arztbewerbern in zweierlei Weise vorgenommen. Einmal hat er die AIP-Regelung für solche Arztbewerber für unanwendbar erklärt, die bis zum 30. Juni 1987 die ärztliche Vorprüfung erfolgreich ablegen (Art. 2 § 1 Änderungsgesetz zur BÄO). Ferner beträgt nach Art. 2 § 2 die AIP-Zeit für Arztbewerber, die die ärztliche Prüfung zwischen dem 30. Juni 1987 und dem 31. Dezember 1991 erfolgreich ablegen, 18 Monate.

Diese Übergangsregelung reicht jedoch nicht aus. Jedenfalls für die nicht die Kassenzulassung erstrebenden Arztbewerber der Jahrgänge 1982-1984, überwiegend aber auch für die potentiellen Kassenbewerber dieser Jahrgänge müßte die AIP-Zeit entfallen.

Es ist richtig, daß das Gemeinwohlinteresse verlangen kann, bestehende Sachverhalte, Rechte und Rechtsbeziehungen durch eine Gesetzesänderung einer neuen Rechtslage anzupassen[200]. Denn die Möglichkeit, durch neue Gesetze auf eine bestehende Rechtslage und bestehende Rechtsbeziehungen einzuwirken, ist jeglicher Gesetzgebung immanent. Sie würde nur dann vermieden, wenn sich der Gesetzgeber dieser Einwirkung begäbe, sich also gewissermaßen einer absoluten Übergangsvorschrift unterwerfen würde. Eine derartige gesetzgeberische Handhabung würde jedoch zum einen dazu führen, daß die Gesetzgebung ihre politischen, wirtschaftlichen, finanziellen und sozialen Aufgaben nicht erfüllen könnte. Zum anderen würde es erhebliche Ungleichheiten mit sich bringen, wenn neues Recht nur auf neu entstehende Rechtsverhältnisse angewendet würde[201]. Im Gesundheitswesen ist der Gesetzgeber in

---

[199] E 42, 242 (288); 67, 1 (15).
[200] E 47, 93; 53, 253.
[201] E 48, 403 (415).

besonderer Weise verpflichtet, Sacherfordernissen der Gegenwart Rechnung zu tragen und negativen Erscheinungsformen entgegenzutreten. Die Schonung erworbener Besitzstände darf nicht grundsätzlich zur Verhinderung notwendiger Reformen im Interesse der Allgemeinheit führen[202].

Soweit es die AIP-Regelung angeht, ist eine sofortige Anpassung mit rückanknüpfender Wirkung aber nicht zwingend geboten. Das praktische Jahr hat über mehr als zehn Jahre hin den Bedarf der angehenden Mediziner an Einübung in die ärztlichen Fähigkeiten und Fertigkeiten gesichert. Daß der Gesetzgeber selbst die Jahrgänge 1979 bis 1981 von der AIP-Regelung ausgenommen hat, zeigt, daß das Allgemeininteresse der Abstufung fähig ist. Die berechtigte Erwartung jedenfalls der Nicht-Kassenbewerber der Jahre 1982 bis 1984 stützt sich nicht nur auf die Erwartung, die bestehende Gesetzeslage werde sich während ihrer Ausbildung nicht ändern[203]. Die Arztbewerber der bezeichneten Jahrgänge haben sich vielmehr in ihren Dispositionen auf die bisherige Regelung eingestellt und einstellen können. Bei der Bewertung ihrer Position fällt besonders ins Gewicht, daß Ausbildungsentscheidungen ihrer Natur nach auf Langzeitwirkungen angelegt und für den weiteren Ausbildungs- und Berufsweg bestimmend sind und daß die Änderung der bisherigen Dispositionen um so schwerer wiegt, je länger sich die Betroffenen danach verhalten haben[204]. Die Betroffenen haben sich hier aber bereits mehrere Jahre nach der alten Regelung verhalten. Die neue Regelung trifft sie unerwartet und schwer, da die Ausbildung ohnehin eine besondere Länge aufweist. Sie befinden sich außerdem bereits in einem fortgeschrittenen Stadium ihrer Ausbildung.

Diesem Vertrauensschutzinteresse gegenüber sind keine Allgemeininteressen erkennbar, die es rechtfertigen könnten, das Vertrauen dieses relativ kleinen Kreises zu enttäuschen, zumal bereits einige Jahrgänge von der Pflicht zur Ableistung der AIP-Zeit ausgenommen sind.

In den meisten der entschiedenen Fälle hat das Bundesverfassungsgericht die Regelungsintentionen des Gesetzgebers aufgegriffen und für gegenüber den Individualinteressen überwiegend erachtet[205].

---

[202] E 25, 236 (255); 43, 242 (288); 50, 265 (273); auch E 51, 356 (263) (für den Bereich des Sozialversicherungsrechtes).

[203] E 14, 76 (104); 22, 241 (248); 22, 387 (419); 33, 265 (293); 43, 242 (286); 43, 291 (390 f.); 68, 287 (307).

[204] E 43, 291 (391).

II. Verstoß gegen Rechtssicherheit und Vertrauensschutz

In vier Fällen überwogen jedoch die Individualinteressen.

- Im Jahr 1962 wurde im Saarland – abweichend von der bisher dort gültigen Regelung des Deutschen Beamtengesetzes und in Angleichung an die Regelung des BRRG – durch § 149 des Beamtengesetzes vom 11. 7. 1962 (ABl. S. 505) die Möglichkeit der Kürzung des Witwengeldes für Witwen eingeführt, die mehr als zwanzig Jahre jünger als der Ehemann sind. Gemäß § 215 Abs. 2 Nr. 1 Satz 2 sollte dies auch für Witwen gelten, bei denen der Versorgungsfall schon in der Vergangenheit eingetreten war. Das Gericht stellte einmal auf die Dispositionen ab, die die Witwen im Hinblick auf ihre Versorgung bei Eheschließung mit einem Beamten getroffen hatten, zum anderen auf die Tatsache, daß die Erstreckung der Vorschrift auf bereits eingetretene Versorgungsfälle den Anwendungsbereich nur in ganz wenigen Fällen erweiterte[206].

- Durch das Finanzänderungsgesetz vom 21. 12. 1967 (BGBl. I, 1259) wurden alle Rentner gesetzlich krankenversichert. Rentner, die bisher Krankenversicherungsleistungen im Rahmen der Familienhilfe aus der Krankenversicherung ihrer Ehegatten erhalten hatten, verloren diese, weil sie jetzt selbst versichert waren. Das Bundessozialgericht legte diese Vorschriften so aus, daß sich der Wegfall der Familienhilfe auch auf die Krankenversicherungsleistungen bezog, die der Ehegatte aus der freiwilligen Höherversicherung erworben hatte. Bei der Interessenabwägung in diesem Fall beachtete das Bundesverfassungsgericht zusätzlich den Einfluß des Sozialstaatsprinzips. Im übrigen stellte es darauf ab, daß die Ehemänner für den zusätzlichen Schutz neun Jahre nicht unerheblich Beiträge entrichtet hatten, und daß nur eine einzelne Gruppe in einer sozialpolitisch nicht entlastbaren und vom Gesetzgeber schwerlich beabsichtigten Weise benachteiligt worden war[207].

- Das Hochschulrahmengesetz vom 26. 1. 1976 (BGBl. I, 185) bestimmte in § 32 III Nr. 2 Satz 7, daß ein Parkstudium insofern nicht mehr auf die Wartezeit für einen Studienplatz angerechnet wird, als es nach Inkrafttreten des Gesetzes begonnen oder fortgesetzt wurde. Das Gericht berücksichtigte hier, „daß Ausbildungsentscheidungen ihrer

---

[205] Übersicht bei *Pieroth* (o. Fn. 180), S. 63.
[206] E 31, 94 (99 ff.).
[207] E 40, 65 (76).

Natur nach auf Langzeitwirkungen angelegt und für den gesamten weiteren Lebensweg bestimmend sind und daß eine Änderung der bisherigen Dispositionen um so schwerer wiegt, je länger sich der Betroffene danach verhalten hat"[208]. Bei denjenigen Studenten, die ein Ausweichstudium schon länger als zwei Semester betreiben, gab es nach Ansicht des Gerichtes keine durchschlagenden Gründe für die Anwendung der Parkstudienklausel, insbesondere da insoweit das Hauptziel, die Freisetzung von Anfängerkapazitäten, nicht nennenswert gefördert wurde.

– Das Rentenreformgesetz vom 16. 10. 1972 (BGBl. I, 1965) beseitigte für Ausländer mit Wohnsitz oder gewöhnlichem Aufenthalt im Ausland das Recht zur freiwilligen Weiterversicherung, gab ihnen aber gleichzeitig die Möglichkeit, sich auf Antrag die Hälfte der für die Zeit nach 1948 entrichteten Beiträge erstatten zu lassen. Das Bundesverfassungsgericht erblickte auf seiten der Betroffenen einen teilweise erheblichen Vertrauensschaden, da ihnen der erwartete Versicherungsschutz abgeschnitten wurde und sie zu diesem Zeitpunkt nicht mehr in der Lage waren, eine gleichwertige Altersvorsorge auszubauen. Auf der anderen Seite seien keine bedeutsamen Allgemeininteressen ersichtlich; es sei sogar ein „gesetzgeberisches Versehen" nicht auszuschließen[209].

Ein solches „Versehen" liegt hier gewiß nicht vor. Gleichwohl fügt sich der Fall der Linie der Judikate des Bundesverfassungsgerichtes ein. Die Arztanwärter der Studienjahrgänge 1982 bis 1984 haben – soweit sie nicht Kassenärzte werden wollen – ihr Studium im Vertrauen darauf begonnen und weitgehend gefördert, daß sie nach Abschluß einer sechsjährigen Ausbildung die Approbation erhalten konnten. Soweit sie die Kassenzulassung anstreben, war ihnen spätestens ab Jahresende 1983 bekannt, daß die Kassenvorbereitungszeitregelung nach Abschluß ihrer ärztlichen Prüfung abgelaufen sein würde. Nur in sehr begrenztem Umfange kann die AIP-Zeit für sie die Vorbereitungszeit substituieren. Alle haben im Vertrauen auf die gesetzliche Regelung ihre Studien- und Berufsplanung eingerichtet. Dieses Vertrauen hätte besonderen Schutz verdient. Demgegenüber muß das öffentliche Interesse an die Ableistung des AIP-Jahres auch durch diese Jahrgänge zurücktreten.

---

[208] E 43, 291 (391).
[209] E 51, 356 (367).

II. Verstoß gegen Rechtssicherheit und Vertrauensschutz

Diese Vertrauensschutzpflicht konkretisiert sich jedenfalls für die Nichtkassenbewerber zu einem Gebot an den Gesetzgeber. Verfassungsrechtlich gefordert ist eine Übergangsregelung, die jedenfalls die nicht die Kassenzulassung anstrebenden Arztanwärter der Jahrgänge 1982 bis 1984 aus der gesetzlichen Verpflichtung ausnimmt. Dieser durch den Vertrauensschutz geforderten Leitlinie entspricht das Änderungsgesetz vom 14. 3. 1985 nicht.

C. Möglichkeiten gerichtlicher Überprüfung

Als Rechtsschutzmöglichkeit gegen die Arzt-im-Praktikum-Regelung des § 3 I 1 Nr. 5 BÄO kommt eine Verfassungsbeschwerde in Betracht.

Für eine Verfassungsbeschwerde gegen Gesetze bestehen besondere Voraussetzungen. Eine für alle geltende Norm kann ein einzelner Staatsbürger nur dann direkt mit der Verfassungsbeschwerde angreifen, wenn er durch diese Bestimmung selbst, gegenwärtig und unmittelbar in seinen Grundrechten betroffen ist[210].

Die Studenten und Studentinnen der Medizin sind selbst betroffen. Sie sind auch gegenwärtig betroffen, weil die Verlängerung ihrer medizinischen Ausbildung durch das 4. Gesetz zur Änderung der BÄO um eineinhalb bzw. zwei Jahre sie schon jetzt zu Dispositionen in bezug auf ihre Berufsplanung nötigt[211].

Nach der Rechtsprechung des Bundesverfassungsgerichts fehlt die unmittelbare Betroffenheit, wenn die Durchführung der angegriffenen Vorschrift – hier des § 3 I 1 Nr. 5 BÄO – einen besonderen Vollziehungsakt erfordert. Denn in der Regel greift erst dieser in die Rechtssphäre des Bürgers ein; der gegen diesen Eingriff gegebene Rechtsweg ermöglicht auch die Nachprüfung der Verfassungsmäßigkeit des angewandten Gesetzes[212].

So ist es hier aber nicht. Die Durchführung der angegriffenen Vorschrift bedarf keines behördlichen Vollziehungsaktes. Unmittelbar mit Inkrafttreten des Gesetzes verlängert sich die Ausbildung um die genannte Zeit. Die nach Abschluß der ärztlichen Prüfung jeweils zu erwartende Aufforderung, die AIP-Ausbildung anzutreten, hat keinen konstitutiven Charakter. Sie weist lediglich auf die Erfüllung der Tatbestandsmerkmale der angegriffenen Norm hin. Die Ausbildungspflichten ergeben sich unmittelbar aus dem Gesetz[213].

---

[210] BVerfGE 30, 250 (261); 43, 291 (385); 65, 1 (36); 67, 256 (273); 68, 287 (300); BVerfG NJW 1985, 2315; stdg. Rspr.
[211] BVerfGE 16, 147 (159); 18, 1 (13); 65, 1 (37); 68, 287 (300).
[212] BVerfGE 58, 81 (104); 59, 1 (17); 60, 360 (369f.); 65, 1 (36f.).
[213] E 30, 250 (261).

C. Möglichkeiten gerichtlicher Überprüfung

Insbesondere läßt die Norm der Verwaltung keinen besonderen Handlungsspielraum. Damit entfällt der Gesichtspunkt, daß die Verfassungsbeschwerde nicht als Popularklage ausgestaltet ist und nur subsidiär zur Verfügung stehen soll, wenn alle anderen Rechtsschutzmöglichkeiten erschöpft worden sind, insbesondere die Nutzung des Auslegungs- und Entscheidungsspielraumes der Verwaltung im verwaltungsgerichtlichen Verfahren überprüft worden ist[214].

---

[214] E 1, 97 (101); 30, 1 (16); 31, 364 (369); E 43, 291 (386).

Literaturverzeichnis

Bauer, Hartmut: Neue Tendenzen in der bundesverfassungsgerichtlichen Rechtsprechung zum Rückwirkungsgebot, NVwZ 1984, S. 220-249

Blumenwitz, Dieter: Gutachtliche Stellungnahme über die Bindungswirkung des Kassenarzturteiles des Bundesverfassungsgerichtes (BVerfGE 11, 30 ff. vom 23. März 1960) für die AG der Bayerischen Krankenkassenverbände und die kassenärztliche Vereinigung Bayern, Würzburg, o. J.

Fleischmann, Eugen: Die freien Berufe im Rechtsstaat, 1970

Fredebeul, Franz Heinz: Berufsbildungsgesetzgebung, RdJB 1982, 410

Friauf, Karl Heinrich: Verfassungsrechtliche Probleme einer Reform des Systems zur Finanzierung der beruflichen Bildung, Bielefeld 1974

Göbel, U. / *Hardegg,* W.: Untersuchung über die Beteiligung außeruniversitärer Krankenhäuser an der klinischen Grundausstattung, Schriftenreihe des Bundesministers für Bildung und Wissenschaft, Bonn 1979

— / — (Planungsgruppe Medizin Heidelberg), Einführung einer Praxisphase im Anschluß an das Medizinstudium, 1982

Göbel / Hardegg / Koser / Schneider: Die Ausbildungssituation im Studiengang Medizin in der BRD und in vergleichbaren Ländern, 1979

Grabitz, Eberhard: Der Grundsatz der Verhältnismäßigkeit, AöR 98 (1973), S. 568

Haverkate, Jörg: Rechtsfragen des Leistungsstaates – Verhältnismäßigkeitsgebot und Freiheitsschutz im leistenden Staatshandeln, Tübingen 1983

Häberle, Peter: Das Bundesverfassungsgericht im Leistungsstaat, DÖV 1972, 729

Hirschberg, Lothar: Der Grundsatz der Verhältnismäßigkeit, Göttingen 1981

Hoffmann, Heinrich: Gesetz über das Apothekerwesen, 1961

Isensee, Josef: Umverteilung und Sozialversicherungsbeiträge, 1973

Kloepfer, Michael / *von Mutius,* Albert: VVDStRL 41, 1983, S. 246, 285

Kommission der EG: Beratender Ausschuß für die ärztliche Ausbildung, Bericht über die allgemeinen Tendenzen in der medizinischen Grundausbildung, 14. Juni 1978 (III/D/32/1/78)

— Entwurf für einen Richtlinienvorschlag betr. die Weiterbildung zum Allgemeinarzt, Dok II/B/129/1(81)

Laufs, Adolf: Privatautonomie, Eigentum und Verantwortung, Festgabe für H. Weitnauer, 1980, S. 364

Lerche, Peter: Übermaß und Verfassungsrecht, Köln 1961

Maunz / Dürig / Herzog / Scholz: Grundgesetz, Kommentar, Stand 1985

Mayer / Kopp: Allgemeines Verwaltungsrecht, 5. Aufl., Stuttgart 1985

Mußgnug, Reinhard: Die zweckgebundene öffentliche Aufgabe, in: Festschrift Forsthoff, 1972, S. 259 (288 ff.)

Müller, Friedrich: Juristische Methodik, 2. Aufl., Berlin 1976

Narr, Helmut: Ärztliches Berufsrecht, 1973, S. 37

Ossenbühl, Fritz: Die Kontrolle von Tatsachenfeststellungen und Prognoseentscheidungen durch das Bundesverfassungsgericht, in: Christian Starck, Bundesverfassungsgericht und Grundgesetz, Bd. I, Tübingen 1976, S. 458-518

— Grundrechtsschutz im und durch Verfahrensrecht, in: Festschrift für Eichenberger, 1982, S. 185

Pieroth, Bodo: Rückwirkung und Übergangsrecht, Berlin 1981

Pitschas, Rainer: Berufsfreiheit und Berufslenkung, Berlin 1983

Reich, Andreas: Die Beschränkung des Zuganges zum Medizinstudium durch kommunale Krankenhausträger, DVBl. 1980, S. 900

Renschler, H. E.: Arztausbildung: Die Reform ist tot, es lebe die Reform! Seit über 100 Jahren werden „Praxisphasen" und „praktische Jahre" abwechselnd getestet — mit negativem Erfolg in: Ärztliche Praxis, XXXVI Jahrgang Nr. 3 1984, S. 4

Richter, Ingo: in: Karpen (Hrsg.), Verfassungsrechtliche Fragen des Hochschulzuganges, Beiheft 6 der Zeitschrift WissR, Tübingen 1978

Riedel, Eike / *Ewert*, Daniel: Verfassungsrechtliche Aspekte der Verlängerung der ärztlichen Ausbildung, NJW 1989, S. 745

Salzwedel, Jürgen: in: Karpen (Hrsg.), Verfassungsrechtliche Fragen des Hochschulzuganges, Beiheft 6 der Zeitschrift WissR, Tübingen 1978

Schlink, Bernhard: Abwägung im Verfassungsrecht, Berlin 1976

Starck, Christian: Grundgesetz und ärztliche Berufsordnungen, Baden-Baden 1969

Stern, Klaus: Staatsrecht, Bd. I, 2. Aufl., München 1984

Stern, Klaus / *Tettinger*, Peter: Normative Gestaltungsmöglichkeiten zur Verbesserung der Qualität der medizinischen Ausbildung, München 1982

Stockhausen, Martin: Ärztliche Berufsfreiheit und Kostendämpfung, Diss. Hamburg 1989

Wahrendorf, Volker / *Arnold*, Hans Henning: Das Recht auf freie Wahl der Ausbildungsstätte als grundrechtlich verbürgte Zulassungschance, DVBl. 1978, S. 258

Wannagat, Georg / *Gitter,* Wolfgang: Zur Gefährdung der Beitragsstabilität und der sachgerechten kassenärztlichen Versorgung durch die steigende Arztzahl, 1985

Wendt, Rudolf: Eigentum und Gesetzgebung, Hamburg 1985

— Der Garantiegehalt der Grundrechte und das Übermaßverbot, AöR 104 (1979), S. 414

Wissenschaftsrat: Stellungnahme zu Fragen der ärztlichen Ausbildung, Januar 1982, Empfehlungen und Stellungnahmen 1982, S. 161f.

— Empfehlungen zu Aufgaben, Organisation und Ausbau der medizinischen Forschungs- und Ausbildungsstätten vom 9. Juli 1976

Wolff / Bachof: Verwaltungsrecht, Bd. I, 9. Aufl., München 1974

Zimmerling, Wolfgang / *Jung,* Doris: Verfassungsrechtliche Probleme der kassenärztlichen Bedarfsplanung, NJW 1988, S. 2935

Printed by Libri Plureos GmbH
in Hamburg, Germany